Inhalt

I. Absichtsvolle Ignoranz

Das zwanzigste Jahrhundert endete mit schrecklichen Verbrechen. Die Großmächte antworteten darauf mit Aktionen, die, so wurde lauthals verkündet, den Beginn einer »neuen Ära« internationaler Politik markieren würden: Fortan sollten, beispiellos in der bisherigen Geschichte, die Menschenrechte und andere hohe Werte im Mittelpunkt politischen Handelns stehen. Beispiellos war sicherlich die Selbstbeweihräucherung, die jedoch nicht nur als rhetorische Stilübung zur Jahrtausendwende verstanden werden wollte. Politiker und Intellektuelle versicherten der westlichen Öffentlichkeit, daß diese neue Ära kein Hirngespinst, sondern von ungewöhnlicher Bedeutung sei.

Die neue Phase in der Geschichte begann am 24. März 1999 mit der Bombardierung Serbiens durch die NATO. »Die neue Generation steckt die Grenzen ab«, verkündete Tony Blair; sie kämpft »für Werte« und »einen neuen Internationalismus, der die brutale Unterdrückung ganzer ethnischer Gruppen nicht länger duldet« und »die für diese Verbrechen Verantwortlichen aus ihren Schlupflöchern treibt«. Vaclav Havel sekundierte: Es sei der erste Krieg, der »im Namen von Prinzipien und Werten geführt« werde. Er signalisiere »das Ende des Nationalstaats«, der fortan nicht mehr »den Höhepunkt und größten irdischen Wert in der Geschichte nationaler Gemeinschaften« darstellen müsse. »Die Bemühungen ganzer Generationen von aufgeklärten Demokraten, die schreckliche Erfahrung zweier Weltkriege ... und die Entwicklung der

Zivilisation haben die Menschheit schließlich zur Erkenntnis geführt, daß Menschen wichtiger sind als der Staat.«[1]

Die neue Generation wird ihre guten Taten unter der Führung einer »idealistisch eingestellten Neuen Welt« vollbringen, die »der Unmenschlichkeit ein Ende bereiten will«, wobei ihr der britische Partner zur Seite steht. In einem Leitartikel der Zeitschrift *Foreign Affairs* erklärte ein Rechtswissenschaftler und engagierter Verfechter der Menschenrechte, daß die »aufgeklärten Staaten«, befreit von den Überresten »restriktiver alter Regeln« und archaischer Weltordnungskonzepte, nunmehr Gewalt anwenden dürfen, wenn sie deren Einsatz »für gerecht halten«. Sie gehorchen dabei den von ihnen entworfenen »modernen Vorstellungen von Gerechtigkeit«, indem sie die »trotzigen, ruchlosen, rückständigen«, kurz, die »unordentlichen« politischen Elemente dieser Welt zur Räson bringen. Daß sie dies nur aus edelsten Motiven tun, ist »offensichtlich« und bedarf insofern keiner weiteren Beweise.[2] Die Gründe für die Mitgliedschaft im Club aufgeklärter Staaten – in der (so die gängige Selbstbezeichnung) »internationalen Gemeinschaft« – liegen ebenfalls auf der Hand. Vergangene und gegenwärtige Praktiken sind Schnee von gestern, wenn es wieder einmal, wie so oft in den letzten Jahren, um einen »Kurswechsel« geht.

Als Präsident Clinton die NATO-Truppen in Mazedonien pries, weil sie die neue Ära so erfolgreich begonnen hätten, formulierte er, so Bob Davis im *Wall Street Journal*, »eine Doktrin der militärischen Intervention«, die »auf folgendes hinausläuft: Tyrannen, seht euch vor«. Wörtlich sagte der Präsident: »Wenn jemand unschuldige Zivilisten verfolgt und sie wegen ihrer Rasse, ihrer ethnischen Herkunft oder ihrer Religion massenweise umzubringen versucht, werden wir dem Einhalt gebieten, sofern es in unserer Macht steht.« Wo wir »etwas zu ändern vermögen, und das ist im Kosovo eindeutig der Fall, müssen wir den Versuch unternehmen«. Es gibt, so erklärte Clinton der Nation, »Zeiten, in denen es sich verbietet, die Augen zu schließen«; zwar können wir nicht »auf jede Tragödie reagieren, die sich irgendwo auf der Welt abspielt«, aber das heißt nicht, daß wir »überhaupt nichts und für niemanden etwas tun sollten«.[3]

Schon einige Zeit vor dem Anbruch der neuen Ära hatte Clintons »Neo-Wilsonianismus«[4] Beobachter davon überzeugt, daß die US-amerikanische Außenpolitik in eine »Phase edelmütiger Bestrebungen« eingetreten sei, wiewohl schon früh darauf hingewiesen wurde, daß wir Gefahr liefen, unsere eigenen Interessen im Dienste anderer zu vernachlässigen, wenn wir »unsere Außenpolitik allein nach idealistischen Grundsätzen ausrichten«. Als Clinton 1999 die »zeitlich nicht begrenzte humanitäre Intervention befürwortete«, waren, wie Davis berichtet, »außenpolitische Experten innerhalb und außerhalb der Regierung besorgt«. Senator John McCain verspottete diese Politik als »Sozialarbeit« und erhielt Zustimmung. Um derlei Besorgnisse zu beschwichtigen, hob Clintons Sicherheitsberater Sandy Berger hervor, daß ethnische ›Säuberungen‹, die »in vielen Ländern überall auf der Welt durchgeführt werden«, noch kein Grund für eine Intervention sind. Im Kosovo ging es um das nationale Interesse der USA: Die Intervention sollte »die Glaubwürdigkeit der NATO bekräftigen und dafür sorgen, daß die Nachbarstaaten nicht von Kosovo-Flüchtlingen überschwemmt werden«. Genau das taten sie jedoch, nachdem die Bombenangriffe begonnen hatten und riefen so eben jene ethnischen ›Säuberungen‹ hervor, die angeblich hatten vermieden werden sollen. Als Begründung bleibt also die »Glaubwürdigkeit der NATO« übrig, die es zu bekräftigen galt.[5]

Washingtons offizielle Version ist im wesentlichen unverändert geblieben. Sie wurde im Januar 2000 von Verteidigungsminister William Cohen und dem Vorsitzenden der

Joint Chiefs of Staff, Henry Shelton, in einer langatmigen Zusammenfassung des Kriegsgeschehens dem Kongreß erläutert.[6] Die USA und die NATO hätten drei Hauptziele verfolgt. Es ging darum, »die Stabilität in Osteuropa zu sichern«, »die ethnischen Säuberungen zu vereiteln« und »die Glaubwürdigkeit der NATO zu garantieren«. Der britische Premierminister Blair bekräftigte diese Haltung:[7]

> »Wir durften hier auf keinen Fall verlieren, sonst hätten wir nicht nur unser strategisches Ziel verfehlt und den moralischen Anspruch nicht einlösen können – wir hätten auch der Glaubwürdigkeit der NATO einen vernichtenden Schlag versetzt, und damit wäre die Welt unsicherer geworden.«

Wir werden die offiziellen Positionen später genauer betrachten. Zunächst stellt sich die Frage, wie die Welt außerhalb der »internationalen Gemeinschaft« die Versuche der NATO, ihre Sicherheit zu gewährleisten, beurteilt. Im April 2000 fand in Havanna ein Gipfeltreffen – der »South Summit« – der G-77-Staaten statt, die 80 Prozent der Weltbevölkerung repräsentieren. Die Konferenz war von besonderer Bedeutung, weil hier zum ersten Mal die Staatsoberhäupter von 133 Nationen zu Beratungen zusammenkamen. In der von ihnen verabschiedeten Erklärung weisen sie das »sogenannte ›Recht‹ zur humanitären Intervention« ebenso zurück wie andere Zwangsmaßnahmen, die sie gleichfalls für einen Imperialismus in neuem Gewand halten. Dazu gehören auch die von multinationalen Konzernen betriebenen Formen wirtschaftlicher Integration, die in der westlichen Ideologie »Globalisierung« genannt werden.[8]

Entschieden verurteilt wurde, u. a. von Nelson Mandela, die Politik der NATO. Anläßlich eines Besuchs in Großbritannien im April 2000 beschuldigte Mandela die britische Regierung, sie fördere »gemeinsam mit Amerika das internationale Chaos, indem sie andere Nationen ignoriert und den ›Weltpolizisten‹ spielt«. Insbesondere lehnte er die Art und Weise ab, in der die USA und Großbritannien sich über die UNO hinwegsetzten und Militäraktionen gegen den Irak und das Kosovo durchführten. »Was sie da tun«, so sagte er wörtlich, »ist sehr viel gefährlicher als das, was in Afrika passiert ... Das kann ich aus erster Hand beurteilen.«[9]

Ein Jahr zuvor hatte die Bombardierung Jugoslawiens durch die NATO in der größten Demokratie der Welt scharfe Proteste ausgelöst, und selbst in Washingtons treuestem Vasallenstaat wurde die Operation von angesehenen Militärfachleuten mit beträchtlicher Skepsis beurteilt. Amos Gilboa sprach von einer Rückkehr zur »Ära des Kolonialismus« im vertrauten »Gewand moralischer Rechtschaffenheit«, die »eine Gefahr für die Welt sei«, weil sie zur Verbreitung von Massenvernichtungswaffen zum Zweck der Abschreckung führen könnte. Andere nahmen sich den NATO-Einsatz zum Vorbild für mögliche Gewaltstrategien. Sollte es sich als notwendig erweisen, so der Militärhistoriker Ze'ev Schiff, »wird Israel mit dem Libanon verfahren wie die NATO mit dem Kosovo«. Schon werden die israelischen Streitkräfte für einen schnellen und effektiven Luftkrieg umgerüstet. Ähnliche Einstellungen lassen sich in der halboffiziellen Presse des zweiten führenden Empfängers US-amerikanischer Militärhilfe finden.[10]

Unter den ehemaligen Dissidenten Osteuropas hat vor allem Vaclav Havel im Westen viel Aufmerksamkeit gefunden, weil er die moralischen Zielsetzungen der westlichen Politik in höchsten Tönen lobte. Schon 1990 hatte er für seine Rede vor beiden Häusern des US-amerikanischen Kongresses langanhaltenden Beifall erhalten, weil er die Abgeordneten als »Verteidiger der Freiheit« pries, die begriffen, welche »Verantwortung mit der Ausübung von Macht verbunden« sei. Einige Wochen zuvor war diese Verantwortung erneut unter Beweis gestellt worden, als von den USA bewaffnete und dort ausgebildete Staatsterroristen sechs führende lateinamerikanische Intellektuelle erschossen. Man möge sich die Reaktion vorstellen, wenn im umgekehrten Fall ein lateinamerikanischer Dissident vor der russischen Duma so aufgetreten wäre wie Havel vor den Kongreßabgeordneten.[11]

Alexander Solschenizyn wiederum war hochangesehen, solange er das Sowjetregime kritisierte. Nicht so 1999, denn er schätzte die neue Ära ähnlich ein wie der Südgipfel, Mandela und andere, die nicht zum Kreis der »Aufgeklärten« zählten:

> »Die Aggressoren haben die UNO beiseite gestoßen und eine neue Ära eröffnet, in der Macht gleich Recht ist. Man sollte sich nicht der Illusion hingeben, daß der NATO die Verteidigung der Kosovaren am Herzen lag. Wäre es ihnen um den Schutz der Unterdrückten zu tun, hätten sie zum Beispiel die unglücklichen Kurden verteidigen können.«

Zum Beispiel – denn das ist nur ein Fall von vielen, wiewohl ein recht bezeichnender.[12]

Solschenizyn bleibt ein Schriftsteller, »den viele als das Gewissen seines Landes ansehen« und der »wegen seines eleganten und überzeugenden Stils« bewundert wird, wenn er die Korruption in der russischen Regierung anprangert.[13] Aber wenn er die neue Ära falsch bewertet, wird er ebenso behandelt wie die Vertreter des Südgipfels und andere, die das Licht nicht sehen.

Zwar fanden deren Ansichten in der westlichen Öffentlichkeit wenig Widerhall, wurden aber von einigen hellhörigen Beobachtern mit Besorgnis registriert. John Mearsheimer, Politologe an der Universität von Chicago, wies darauf hin, daß der Golfkrieg von 1991 und der Krieg im Kosovo »Indien in seinem Ziel, über Nuklearwaffen zu verfügen, bestärkt hat«, wobei diese Waffen als Abschreckung gegen mögliche Gewaltanwendung seitens der USA dienen sollen. Der Harvard-Professor Samuel Huntington bemerkte, daß »für viele Länder« – die meisten, wie er andeutet – die USA »zu einer Schurkensupermacht« und »zur größten von außen kommenden Bedrohung für ihre Gesellschaften« werden. Er zitiert einen britischen Diplomaten mit folgenden Worten: »Nur in den USA liest man, daß die Welt die Führungsrolle der Vereinigten Staaten ersehnt«, während »überall sonst von amerikanischem Hochmut und Unilateralismus die Rede ist«. Das kann nach Ansicht Huntingtons zur dauerhaften Etablierung von Gegenkräften führen. Chalmers Johnson ruft in Erinnerung, daß 1995 nach Spekulationen über ein nordkoreanisches Atomwaffenarsenal »die Japaner die Vereinigten Staaten noch vor Rußland und Nordkorea als ›größte Bedrohung für den Weltfrieden‹« bezeichnet hätten. Der ehemalige NATO-Planungsstratege Michael MccGwire schreibt über den Kosovo-Krieg:

> »Die Weltöffentlichkeit sah ein politisch-militärisches Bündnis, das zugleich als Richter, Jury und Vollstrecker auftrat ... [Es] behauptete, für die internationale Gemeinschaft zu handeln und war, um sein Urteil durchzusetzen, bereit, die UNO und die internationale Rechtsprechung zu umgehen. Die Welt sah eine Organisation, die sich in moralistischer Rhetorik erging, aber mit der Wahrheit so ökonomisch verfuhr wie andere Institutionen dieser Art; sie sah einen Verbund westlicher Staaten, dessen technische Fähigkeiten, zu töten, zu verstümmeln und zu zerstören nur durch das Interesse, die eigenen ›Krieger‹ nicht in Gefahr zu bringen, begrenzt wurde.«

Angesichts der verfügbaren Informationen kann man diese Einschätzung als fair bezeichnen.[14]

Die Weltöffentlichkeit scheint von den Heldentaten und moralischen Zielen der neuen Generation ebensowenig beeindruckt wie von der Versicherung, die Stärkung der Glaubwürdigkeit der NATO trage zur internationalen Sicherheit bei. Wenn Beweise von Belang sind, können wir entscheiden, welche Bewertung der neuen Ära glaubwürdiger ist: das schmeichelhafte Selbstporträt mit den visionären Versprechungen oder die Skepsis derer, die »neuen Wein in alten Schläuchen« vermuten.

Wer sich um die Zukunft Gedanken macht und an einfache moralische Wahrheiten gebunden fühlt, sollte die Sache näher untersuchen. Drei solcher Wahrheiten sind dazu besonders zweckdienlich:

1. Die Menschen sind für die absehbaren Folgen ihrer Handlungen (oder Unterlassungen) verantwortlich, wobei diese Verantwortlichkeit auch die Politik des eigenen Staates gemäß den vorhandenen Einflußmöglichkeiten betrifft.
2. Privilegien, d. h. die Möglichkeit, Handlungsziele relativ ungehindert und sanktionsfrei durchsetzen zu können, vergrößern die Verantwortlichkeit.
3. Hochmoralische Grundsätze müssen zuallererst für das eigene Handeln gelten und nicht lediglich dazu dienen, offizielle Feinde oder andere, die von der herrschenden politischen Kultur für zweitrangig erachtet werden, daran zu messen.

Nehmen wir an, daß diese banalen Maximen Gültigkeit besitzen. Jedoch ist nicht zu leugnen, daß sie in fast allen geschichtlichen Epochen und Gesellschaften gewöhnlich durch Nichtbeachtung geehrt wurden. Fairerweise läßt sich fragen, ob das auch, wie überwiegend angenommen wird,

1999 der Fall war, oder ob, wie die neue Generation und ihre Bewunderer verkünden, eine andere Ära angebrochen ist. Um diese Frage zu beantworten, sollten wir untersuchen, wie die neue Generation auf Zustände und Ereignisse in der Welt reagiert, wo, wie Clinton seine Doktrin formulierte, »wir etwas zu ändern vermögen« und daher »den Versuch unternehmen müssen«.

Betrachten wir also, mit welchen Maßstäben die USA messen, wenn sie sich in der Welt engagieren. Ein Kriterium ist die Entwicklungshilfe: Der reichste und privilegierteste Staat der Erde sollte sicherlich in der Lage sein, an der Situation der Notleidenden »etwas zu ändern«. Dieser Herausforderung ist die Regierung mit den erbärmlichsten Leistungen unter allen Industriestaaten begegnet, und das gilt auch dann, wenn wir den Hauptbestandteil, die Zahlungen an das reiche Israel und an Ägypten, einbeziehen. Zu Beginn der neuen Ära sieht die Lage noch düsterer aus. Das vom Senat im Juni 2000 verabschiedete Entwicklungshilfegesetz »stellte für die ärmsten Länder lediglich 75 Millionen Dollar zur Verfügung, während die Regierung 252 Millionen gefordert hatte«. Das ist nicht mehr als ein lächerliches Almosen.[15] Dagegen gewährte das Gesetz der kolumbianischen Armee 1,3 Milliarden Dollar. Wir werden darauf noch zurückkommen. In Anbetracht dieses Kriteriums ist die Auffassung der Skeptiker völlig berechtigt.

Nehmen wir nun an, daß dieses Kriterium aus irgendeinem dunklen Grund unwichtig ist, und wenden wir uns dem nächsten Maßstab zu: Militärhilfe und Reaktionen auf Greueltaten. Unter der Clinton-Regierung gehörte die Türkei,[16] die Heimat von 15 Millionen »unglücklicher Kurden«, zu den hauptsächlichen Empfängern US-amerikanischer Militärhilfe. Schauen wir uns diesen Komplex genauer an.

Im April 1999, auf dem Höhepunkt der Begeisterung über die Ausrichtung unserer Politik an Prinzipien und Werten, wurde der 50. Jahrestag der NATO-Gründung begangen. Begangen, nicht gefeiert, denn er stand im Schatten von Greueltaten und ethnischen ›Säuberungen‹ im Kosovo. Man war sich darüber einig, daß die von den aufgeklärten Staaten entworfenen »modernen Auffassungen von Gerechtigkeit« es nicht zulassen, solche Untaten dicht an den Grenzen des NATO-Gebietes zu dulden. *Innerhalb* dieser Grenzen dagegen sind sie nicht zulässig, sondern es ist unsere Pflicht, sie zu fördern. Hier dürfen wir nicht bloß »beiseitestehen und dem staatlich organisierten Mord an anderen Völkern zusehen«, sondern müssen dafür sorgen, daß Terror und Zerstörung das geeignete Ausmaß erreichen, während wir unseren Blick mit lasergleicher Intensität auf die Übeltaten der offiziellen Feinde richten.

Teilnehmer und Beobachter der NATO-Feierlichkeiten sahen mit beträchtlicher Disziplin darüber hinweg, daß einige der schlimmsten Säuberungsaktionen der neunziger Jahre auf dem Gebiet eines NATO-Mitglieds stattfanden, nämlich im Südosten der Türkei. Der Westen lieferte dafür die Waffen, allen voran die USA mit 80 Prozent. Als strategischer Verbündeter und militärischer Außenposten war die Türkei schon in den Jahren des Kalten Kriegs von den Vereinigten Staaten mit Militärhilfe unterstützt worden, die 1984 erheblich anstieg, als die Türken mit Waffengewalt gegen die unterdrückte kurdische Bevölkerung vorging. In den neunziger Jahren erreichten diese militärischen, polizeilichen und paramilitärischen Operationen ein beträchtliches Ausmaß und 1994 wurde, wie der Korrespondent Jonathan Randal bemerkte, »zum Jahr der schlimmsten Unterdrückung der kurdischen Provinzen«, während die Türkei zugleich »zum größten Einzelimporteur amerikanischer Militärgüter und damit zum weltgrößten Waffeneinkäufer wurde«. Geliefert wurden auch fortgeschrittene Waffensysteme, die »ebenfalls gegen die Kurden eingesetzt wurden«. Ferner betrieben die USA Koproduktion und Kooperation mit dem türkischen Militär und der Militärindustrie. Allein im Jahr 1997 lieferte die Regierung Clinton mehr Waffen als die Türkei zwischen 1950 und 1983 empfangen hatte.[17]

Dank der militärischen und diplomatischen Unterstützung konnte die Türkei den kurdischen Widerstand brechen. Zehntausende von Toten, zwei bis drei Millionen Flüchtlinge und 3500 zerstörte Dörfer waren die Folge der militärischen Operationen.

In diesem Fall sind die Verantwortlichen leicht zu benennen. Seit der Gründung des modernen türkischen Staates sind die Kurden wie auch Türken, die Gerechtigkeit forderten, grausam unterdrückt worden. Die Brutalität, mit der der Widerstand niedergeschlagen wurde, wird von vielen glaubwürdigen Quellen bezeugt. Offen zutage liegt auch, welche Rolle die »idealistische Neue Welt« mit ihrem Willen, »der Unmenschlichkeit ein Ende zu setzen«, dabei gespielt hat. Sie hat die Greueltaten und Washingtons Beitrag zu den Massakern verschwiegen, weil sie keinen einzigen plausiblen Vorwand fand, ihr Verhalten zu rechtfertigen.[18]

Wird der Mantel des Schweigens doch einmal gelüftet, dann lautet die typische Reaktion, daß das »amerikanische Versäumnis, die Kurden zu schützen, mit der erklärten Absicht, die Kosovaren zu beschützen, nicht vereinbar ist«, wie Thomas Cushman formulierte. Oder man behauptet, wie Aryeh Neier, die USA hätten die Übergriffe gegen die Kurden »geduldet«.[19] Diese bedauernswerten Fehler zeigen, daß wir bisweilen widersprüchlich handeln und »wegschauen«, weil unserer Fähigkeit, dem Unrecht Einhalt zu gebieten, Grenzen gesetzt sind. Solche Kommentare stehen im Einklang mit dem, was die aufgeklärten Politiker in ihren bereits zitierten Lobgesängen behaupten.

Damit aber werden die moralischen Alltagswahrheiten besonders drastisch abserviert und die Greueltaten, für die man direkt verantwortlich ist, in zynischer Weise gerechtfertigt. Bei der Verfolgung der Kurden wurde nicht »weggeschaut«, vielmehr sah Washington mitsamt den Verbündeten sehr genau hin und tat alles, um die Greuel zu eskalieren. Das gilt insbesondere für die Amtszeit der Regierung Clinton. Die USA haben es ebensowenig »versäumt«, die Kurden zu beschützen oder die Übergriffe »geduldet«, wie Rußland es »versäumt«, die Einwohner von Grosny zu schützen oder die Übergriffe gegen die Tschetschenen »duldet«. Die neue Generation steckt die Grenzen ab, indem sie ganz bewußt Mörder und Folterer mit Gewehren beliefert – und nicht nur mit Gewehren, sondern auch mit Panzern, Bombern, Kampfhubschraubern und dem ganzen Arsenal modernen Terrors. Das geschah manchmal heimlich, sofern Waffenlieferungen vom Kongreß per Gesetz verboten wurden.

Verteidigungsgründe konnten dafür zu keinem Zeitpunkt ins Feld geführt werden; auch gab es keinerlei Verbindung mit dem Kalten Krieg, was nicht verwundert – sagen uns doch die historischen Ereignisse und die internen Planungsdokumente, daß die Konfrontation der Supermächte zu jener Zeit einen nützlichen Vorwand für die Anwendung von Gewalt, Terror und ökonomischer Kriegführung abgab. Darüber hinaus muß der Vorwurf widersprüchlichen Handelns bewiesen, und nicht einfach behauptet werden, denn er setzt voraus, daß bestimmte Handlungen tatsächlich in humanitärer Absicht erfolgen, während die Geschichte zeigt, daß nahezu jede Anwendung von Gewalt mit solchen Intentionen begründet wurde.

Eine realistischere Interpretation des Kosovo-Konflikts bietet Tim Judah: »Der Westen kann zwar Sympathie empfinden für die notleidenden Kurden oder Tibeter« oder die Opfer russischer Bombardements in Tschetschenien, »aber Realpolitik [i. O. dt.] bedeutet, daß er wenig tun will oder kann, um ihnen zu helfen.«[20] Hilfe für die Tibeter oder Tschetschenen könnte zu einem Krieg führen. Hilfe für die Kurden würde den Machtinteressen der USA zuwiderlaufen. Folglich können wir ihnen nicht helfen, sondern müssen uns an den gegen sie ausgeübten Verbrechen beteiligen, während verantwortlich denkende Intellektuelle diese Vorgänge beschweigen oder rechtfertigen und dabei nicht vergessen, sich und die politisch Mächtigen für ihre Hingabe an »Prinzipien und Werte« zu beglückwünschen.

Eine der Regionen, die durch den US-türkischen Angriff am stärksten verwüstet wurde, war das nördlich der kurdischen Großstadt Diyarbakir gelegene Tunceli, wo ein Drittel der Dörfer zerstört und weite Landstriche durch Helikopter und Kampfbomber in Brand gesetzt wurden. »Der Terror in Tunceli ist Staatsterror«, gab ein türkischer Minister 1994 zu. Er berichtete, daß dort bereits zwei Millionen Menschen vertrieben worden seien und nicht einmal Zelte hätten, um darin Schutz zu suchen. Am 1. April 2000 durchkämmten Truppen das Gebiet erneut; 10 000 Soldaten wurden dabei eingesetzt. Weitere Truppen drangen, unterstützt von Kampfhubschraubern, in den Irak ein, um auch dort die Kurden zu verfolgen. Es handelte sich um eine Flugverbotszone, wo die Kurden von der US-Luftwaffe vor dem (zeitweilig) falschen Unterdrücker geschützt wurden.[21]

Erinnern wir uns daran, daß in Serbien die NATO »kämpfte, weil kein anständiger Mensch beiseitestehen und dem systematischen, staatlich organisierten Mord an anderen Völkern zuschauen kann«, wie Vaclav Havel es formulierte. Und Tony Blair beschwor »einen neuen Internationalismus, der die brutale Unterdrückung ganzer ethnischer Gruppen nicht länger duldet« und »die für diese Verbrechen Verantwortlichen aus ihren Schlupflöchern treibt«. Präsident Clinton, ganz d'accord: »Wenn jemand unschuldige Zivilisten verfolgt und sie wegen ihrer Rasse, ihrer ethnischen Herkunft oder ihrer Religion massenweise umzubringen versucht, werden wir dem Einhalt gebieten, sofern es in unserer Macht steht.« Aber es steht nicht in unserer Macht, unserer eigenen begeisterten Teilnahme an der »brutalen Unterdrückung ganzer ethnischer Gruppen« und dem »systematischen, staatlich organisierten Mord« Einhalt zu gebieten. Und die Verantwortlichen brauchen keine Schlupflöcher, sondern können sich der Lobeshymnen der gebildeten Schichten erfreuen.

Außerdem müssen »anständige Menschen« einsehen, daß NATO-Mächte das Recht haben, mit unserer großzügigen Unterstützung nicht nur ihre eigene Bevölkerung zu unterdrücken und zu terrorisieren, sondern auch in andere Länder nach Belieben einzumarschieren. Dieses Recht gilt auch für Vasallenstaaten, die nicht zur NATO gehören, wie etwa Israel, das gegen alle Bestimmungen des UN-Sicherheitsrats, aber mit US-amerikanischer Erlaubnis und Unterstützung den Südlibanon zweiundzwanzig Jahre lang besetzt hielt, während dieser Zeit Zehntausende von Menschen tötete und Hunderttausende wiederholt vertrieb und die zivile Infrastruktur zerstörte. So gut wie nichts davon geschah zum Zwecke der Selbstverteidigung, was in Israel durchaus bekannt ist und worauf auch Menschenrechtsorganisationen hingewiesen haben, obwohl im US-Informationssystem andere Darstellungen bevorzugt werden.[22]

Im Juni 2000 zog sich Israel endlich aus dem Libanon zurück oder wurde, genauer gesagt, durch die Widerstandsbewegung vertrieben. Die UN-Generalversammlung stimmte über eine Resolution ab, derzufolge knapp 150 Millionen Dollar für Sicherheitsmaßnahmen und den Wiederaufbau der zerstörten Region bereitgestellt werden sollten. 110 Vertreter waren dafür, nur die USA und Israel stimmten dagegen, weil die Resolution auch vorsah, daß Israel 1,28 Millionen Dollar Schadenersatz für den Angriff auf ein UN-Flüchtlingslager zahlen sollte, bei dem während der Invasion 1996 über einhundert Zivilisten getötet worden waren.[23]

Die Errungenschaften des westlichen Terrors genießen großes Ansehen. Als die Türkei am 1. April 2000 im Kurdengebiet wütete, hielt US-Verteidigungsminister William Cohen bei einem Festakt anläßlich der amerikanisch-türkischen Ratskonferenz eine Ansprache, die viel Applaus und zustimmendes Gelächter hervorrief. Er lobte die Türkei für ihren Einsatz bei der humanitären Bombardierung Serbiens und verkündete, daß die beiden Länder bei der Entwicklung eines neuen Kampfflugzeugs zusammenarbeiten würden. Das hatten sie auch schon bei der Produktion der F16-Bomber getan, die die Türkei mit so nachhaltiger Wirkung gegen die Kurden eingesetzt hatte. »Dies ist«, so Cohen, »eine aufregende Zeit, nicht nur, um zu leben, sondern um im Dienst der Öffentlichkeit zu stehen, denn wir haben mit der Jahrhundertwende eine tapfere neue Welt betreten«, in der es »so viele kreative Möglichkeiten gibt, daß wir alle daraus unseren Nutzen ziehen können«, wofür das amerikanisch-türkische Bomberprojekt ein Symbol ist, weil dadurch der Türkei, zusammen mit dem engen Verbündeten Israel, »eine führende Rolle bei der Herstellung stabiler Verhältnisse im Mittleren Osten zuwächst.«

Kurz danach veröffentlichte das US-Außenministerium seinen »Jahresbericht zu den Maßnahmen der Regierung im Kampf gegen den Terrorismus«, der, so Judith Miller in der *New York Times,* besonders die »positiven Erfahrungen« der Türkei hervorhob, die gezeigt hätten, »daß harte konterterroristische Maßnahmen in Verbindung mit einem politischen Dialog mit nicht-terroristischen Oppositionsgruppen« zur

Überwindung von Gewalt und Terror führen könnten. Weitergehende Fragen scheinen sich zu erübrigen.[24]

Die Untersuchung dieses ersten Beispiels bestätigt die Haltung der Skeptiker. Vielleicht fällt von hier aus ein Licht auf die »moralischen Absichten«, die uns beflügeln: »Großes Unrecht ist Menschen widerfahren, die unmittelbar an der Grenze zur Europäischen Union leben. Wir konnten und mußten dagegen vorgehen.« Soweit Tony Blair.[25] Er bezieht sich damit natürlich nicht auf die Kurden, die mit Unterstützung seiner Regierung und ihrer Verbündeten verfolgt wurden, sondern auf die Greueltaten eines offiziellen Feindes während der NATO-Bombardierung.

1999 gab die Türkei ihre Position als führender Empfänger US-amerikanischer Militärhilfe an Kolumbien ab.[26] Damit haben wir ein zweites Beispiel für unsere Untersuchung.

Während der neunziger Jahre war Kolumbien in der westlichen Hemisphäre der Staat mit den schlimmsten Verstößen gegen die Menschenrechte und zugleich der führende Nutznießer US-amerikanischer Militärhilfe, ein alles andere als zufälliger Zusammenhang.[27] Kolumbien erhält mehr als das übrige Lateinamerika und die Karibik-Staaten zusammen, mit einem 300-prozentigen Zuwachs zwischen 1998 und 1999. Die Gesamtleistungen sollen noch einmal kräftig ansteigen, wenn die USA ihren Beitrag zu dem 7,5 Milliarden Dollar umfassenden »Kolumbien-Plan« leisten, den Bogota entworfen haben soll, wenngleich, so das *Wall Street Journal*, »mit intensiver Nachhilfe seitens der Amerikaner«; einige Diplomaten behaupten, der Plan sei in englischer Sprache abgefaßt worden. Der Kolumbien-Plan sieht vor, daß die USA mehr als eine Milliarde Dollar für die Militärhilfe zur Verfügung stellen, während weitere Gelder zur Förderung von Sozial- und Wirtschaftsprogrammen vorgesehen sind. Die militärische Komponente des Plans ist bereits in die Tat umgesetzt worden; alles übrige befindet sich noch im Schwebezustand.[28]

Diese Wachablösung verdankt sich der Tatsache, daß die Türkei den Kampf gegen die Kurden erfolgreich abgeschlossen hat, während der Staatsterror in Kolumbien sein Ziel noch längst nicht erreicht hat, auch wenn es bislang an die 3000 politische Morde und 300 000 Flüchtlinge pro Jahr gegeben hat. Mittlerweile dürfte die Zahl der Vertriebenen sich auf zwei Millionen belaufen, womit Kolumbien den dritten Rang hinter dem Sudan und Angola einnimmt. 1985 wurde eine politische Partei außerhalb des traditionellen Machtestablishments zugelassen, aber bald darauf »vernichtet«. Mehr als 3500 ihrer Mitglieder »wurden ermordet oder verschwanden«,[29] darunter Präsidentschaftskandidaten und Bürgermeister. Kolumbiens demokratische Glaubwürdigkeit hat darunter in Washington nicht gelitten.

Für die allermeisten Gewalttaten sind paramilitärische Verbände verantwortlich, die enge Verbindungen zum Militär unterhalten, das wiederum von den Vereinigten Staaten beliefert wird. Die Verbände sind, wie auch das Militär selbst, in den Drogenhandel verstrickt. Der kolumbianischen Regierung und Menschenrechtsorganisationen (wie etwa der kolumbianischen Juristenkommission) zufolge stieg die Zahl der Morde 1999 um fast 20 Prozent an, und der den Paramilitärs zugeschriebene Anteil wuchs von 46 Prozent im Jahr 1995 auf knapp 80 Prozent im Jahr 1998. Das US-Außenministerium bestätigt diese Einschätzung der Situation in seinem Jahresbericht 1999 über die Lage der Menschenrechte. Dort heißt es, daß »Sicherheitskräfte aktiv mit Angehörigen paramilitärischer Gruppen zusammengearbeitet haben«, während »Regierungstruppen weiterhin zahlreiche schwere Übergriffe begingen, darunter gesetzwidrige Tötungen, deren Ausmaß gegenüber 1998 im wesentlichen unverändert geblieben ist«.

Anfang 1999 wurde pro Tag mindestens ein Massaker verübt, während im Juni und August, kolumbianischen und internationalen Menschenrechtsorganisationen zufolge, weitere 200 000 Personen vertrieben wurden.

Die US-amerikanische Militärhilfe fließt so reichlich, weil sie angeblich dem Krieg gegen den Drogenhandel dienen soll. Dieser Vorwand wird aus guten Gründen nur von wenigen kompetenten Beobachtern ernst genommen. Abgesehen von der mangelnden Plausibilität beruht dieser Vorwand bemerkenswerterweise auf der praktisch unbestrittenen Voraussetzung, daß die USA das Recht haben, in anderen Ländern militärisch – auch mit biologischer und chemischer Kriegführung – einzugreifen, um eine von ihnen ungeliebte Pflanze auszurotten, wohingegen die »modernen Vorstellungen von Gerechtigkeit« Kolumbien – oder China, oder Thailand, oder viele andere Staaten – nicht gestatten, in North Carolina eine sehr viel tödlichere Droge zu bekämpfen, die sie vielmehr (zusammen mit den entsprechenden Werbekampagnen) unter der Androhung von Handelssanktionen akzeptieren mußten.

Das zweite Fallbeispiel führt zum gleichen Ergebnis wie das erste: Die neue Ära ist so wie die alte, und auch der »Mantel der moralischen Aufrichtigkeit« ist keineswegs neu.

Wenden wir uns einem dritten Beispiel zu, das in ganz besonderer Weise geeignet ist, die Ansprüche der neuen Generation zu prüfen.

Während Kolumbien zum führenden Empfänger US-amerikanischer Wirtschaftshilfe aufstieg und die Vereinigten Staaten und Großbritannien sich auf die moralisch legitimierte Bombardierung Serbiens vorbereiteten, kam es auf einem anderen Schauplatz der Welt zu bedeutsamen Entwicklungen. In Ost-Timor, wo die Menschenrechte seit Jahrzehnten wie nirgendwo sonst auf der Welt mit Füßen getreten wurden, kam es 1999 zu erneuten Greueltaten solchen Ausmaßes, daß diese Region neben dem Kosovo kurzfristig in den Mittelpunkt der Aufmerksamkeit für Menschenrechte, humanitäre Interventionen und begrenzte Souveränität rückte.

Die Tragödie Ost-Timors begann im Dezember 1975, als Indonesien die ehemalige portugiesische Kolonie nach ihrer Unabhängigkeitserklärung besetzte und später annektierte. Die Invasion führte zur Ermordung von 200 000 Menschen, nahezu einem Drittel der Gesamtbevölkerung. Zerstörung, Folter und Terror waren die Begleiterscheinungen. 1999 kam es erneut zu umfangreichen Gewaltmaßnahmen, und diese Ereignisse sollen uns zeigen, wie es um die konkurrierenden Interpretationen der neuen Ära bestellt ist. Dazu wollen wir beschreiben, was sich ereignet hat und wie es dargestellt wurde. Ich gebe hier eine Zusammenfassung und werde im zweiten Kapitel ausführlicher auf das Thema eingehen.

Mit den Vorgängen, die sich 1999 in Ost-Timor abspielten, befaßt sich das *American Journal of International Law* (in seiner Januarausgabe 2000). Der Bericht bietet die westliche Standardversion: Die Greueltaten in Ost-Timor fanden sechs Monate nach dem Krieg im Kosovo statt – also nach dem Unabhängigkeitsreferendum vom 30. August –, jedoch:

> »Anders als im Fall des Kosovo ... hat kein Staat (die Vereinigten Staaten eingeschlossen) eine gewaltsame militärische Intervention in Ost-Timor befürwortet. Die Gründe für diese Zurückhaltung lagen auf der Hand: Indonesien besitzt ein starkes Militär, China würde gegen eine solche Intervention große Bedenken äußern, und viele besorgte Staaten waren der Auffassung, daß Indonesien ohnehin bald der Entsendung einer multinationalen Einheit zustimmen würde.«[30]

Diese Interpretation ist tatsächlich gang und gäbe. Ein anderes, ganz willkürlich herausgegriffenes Beispiel ist William Shawcross' Untersuchung über die Auseinandersetzung der drei »gutwilligen Kräfte« in der Welt – UNO, NGOs (nicht-staatliche Organisationen) und liberale Demokratien – mit den »böswilligen Kräften«, d. h. den »*warlords*, die in den neunziger Jahren dominierten«, wofür Saddam Hussein und Slobodan Milosevic die prägnantesten Beispiele waren.[31] Einige Regionen rückte »der Westen in das Licht seiner Aufmerksamkeit, wie etwa Bosnien und das Kosovo«, während »andere aus Mangel an Interesse im Dunkeln blieben«. Im Schlußkapitel seines Buchs zeichnet Shawcross unter dem Titel »From Kosovo to East-Timor« die augenscheinliche Abfolge der Ereignisse in diesen beiden bedeutsamen Krisen des Jahres 1999 nach: »In beiden Fällen war die internationale Gemeinschaft gezwungen, sich mit einer humanitären Katastrophe auseinanderzusetzen, die zum Teil aus eigenen Unterlassungssünden resultierte, und mußte entscheiden, welchen Preis sie für die Wiedergutmachung zahlen wollte.«

Häufig ist die Intervention im Kosovo als Präzedenzfall für die Entsendung von Friedenstruppen nach Ost-Timor beschrieben worden. In dieser Hinsicht räumen sogar Kritiker des NATO-Bombardements ein, daß es positive Folgen gehabt habe. Andere heben hervor, daß »die Vereinigten Staaten, wie schon in der Vergangenheit, so auch jetzt«, da eine UN-Friedenstruppe auf US-amerikanische Initiative hin »indonesisches Terrain betritt, um ... dem Töten ein Ende zu bereiten«, »kein ›Weltpolizist‹ sein wollen, der Ressourcen und Leben opfert, um den Ost-Timors dieser Welt zu helfen«.[32]

Alle diese Behauptungen sind unhaltbar. Die Wahrheit über Ost-Timor sieht anders aus, und sie sagt uns eine ganze Menge über jene Verhaltensnormen, die fortbestehen, wenn selbstgenügsame Doktrinen sich gegen die kritische Reflexion abdichten und banale moralische Wahrheiten nicht ins Bewußtsein gelangen.

Die humanitäre Katastrophe in Ost-Timor resultierte nicht aus »Unterlassungssünden« der liberalen Demokratien. Sie wurde vielmehr, wie in den bereits erwähnten Beispielen, von ihnen bewirkt. Bei der Invasion von 1975 konnte sich Indonesien auf US-amerikanische Waffenhilfe und diplomatische Unterstützung verlassen, ebenso drei Jahre später, als die Greueltaten völkermordähnliche Ausmaße annahmen. Und diese Unterstützung wurde auch jenem Verbrecher gewährt, der zu den oberen Rängen von Shawcross' »bösartigen Kräften« gehört, jedoch immer als »gemäßigt« gepriesen und von der Regierung Clinton als »unser Typ« bezeichnet wurde, bis er 1997 die Kontrolle verlor und fallengelassen werden mußte. Als 1978 Suhartos Untaten in Ost-Timor ihren Höhepunkt erreichten, wurde er nicht nur von den USA, sondern auch von Großbritannien, Frankreich und anderen Mächten protegiert. Ost-Timor war allein insofern zu »indonesischem Territorium« geworden, als die liberalen Demokratien unter Mißachtung der Anordnungen des UN-Sicherheitsrats und einem Urteil des Weltgerichtshofs der Annektion ihren Segen gaben.

In der Standardversion wird die Reihenfolge der Ereignisse ins Gegenteil verkehrt. Die letzte Welle der Gewalt in Ost-Timor begann im November 1998. Noch vor dem Unabhängigkeitsreferendum hatten die Verbrechen ganz andere Ausmaße erreicht als im Kosovo vor der Bombardierung. Darüber hinaus war bekannt, daß es noch viel schlimmer kommen würde, wenn die Bevölkerung dem indonesischen Terror weiterhin Widerstand leisten sollte. Über weitergehende Informationen verfügten die Geheimdienste der USA und Australiens. Dennoch leistete die neue Generation weiterhin Militärhilfe und führte unmittelbar vor dem Referendum sogar noch gemeinsame Manöver durch und verhinderte zugleich alle Maßnahmen, mit denen die indonesische Regierung von weiterer –

vorhersehbarer – Gewaltanwendung hätte abgehalten werden können. Noch nach dem Referendum vom 30. August bestanden die USA darauf, daß Indonesien im Besitz des rechtswidrig angeeigneten Territoriums bleiben müßte, während indonesische Streitkräfte das Land fast völlig zerstörten und 750 000 Personen – 85 Prozent der Bevölkerung – aus ihren Häusern vertrieben.

Die Vorgänge im Kosovo sind, wie immer man sie beurteilen mag, in keiner Weise ein Präzedenzfall für die humanitäre Intervention in Ost-Timor, und das nicht nur aufgrund der zeitlichen Relationen, sondern vor allem deshalb, weil in letzterem Fall eine humanitäre Intervention gar nicht stattgefunden hat. Es gab keine »Intervention« im eigentlichen Sinn dieses Begriffs, und es konnte sie auch gar nicht geben, weil Ost-Timor de jure kein indonesisches Territorium war. Selbst Australien, der einzige westliche Staat, der die Annektion explizit anerkannt hatte (vor allem um, gemeinsam mit Indonesien, die timoresischen Ölvorkommen ausbeuten zu können), war 1999 davon wieder abgerückt. Indonesiens souveräne Rechte waren mit denen Hitler-Deutschlands im besetzten Europa zu vergleichen. Sie beruhten allein darauf, daß westliche Großmächte die Anwendung von Gewalt und Terror in diesem zuvor von Portugal verwalteten Territorium ratifizierten. Der sowjetische Vormarsch nach Westen und die Landung in der Normandie während des Zweiten Weltkriegs waren keine Interventionen; umso weniger läßt sich der Einmarsch von UN-Friedenstruppen in Ost-Timor nach dem Rückzug der indonesischen Armee als Intervention bezeichnen. Von humanitärer Intervention kann also keine Rede sein, obwohl Ost-Timor eines der seltenen Beispiele für eine humanitäre Absicht ist. Zumindest kann man Australien, genauer: der australischen Bevölkerung, eine solche unterstellen, denn sie hat ihre Regierung scharf kritisiert, als diese angesichts der seit Anfang 1999 wachsenden Gewalttaten lange Zeit untätig blieb.

In einem Aspekt hat die Standardversion recht: Kein Staat hat eine militärische Intervention befürwortet – was im Grunde einleuchtend ist, weil es wohl keiner wie auch immer gearteten »Intervention« bedurft hätte, um die Greueltaten von 1999 oder früherer Jahrzehnte zu beenden. Man mußte keine Sanktionen verhängen oder Jakarta bombardieren. Mitte September 1999 winkte man mit dem Zaunpfahl – Aufkündigung der Zusammenarbeit –, und prompt zogen die indonesischen Generäle ihre Truppen ab. Das hätte sich auch schon sehr viel früher auf ähnliche Weise erreichen lassen, nur fehlte bislang der Wille, den »böswilligen Kräften« ihre Grenzen aufzuzeigen, da sie doch den westlichen Machtinteressen so überaus dienlich waren.

Die bereits angeführten Gründe dafür, warum im Kosovo eingegriffen wurde, nicht aber in Ost-Timor, können nicht überzeugen. Serbien besaß, wie Indonesien, »ein starkes Militär«, weshalb eine Invasion gar nicht erst erwogen wurde und die Bomber auf Distanz blieben. Bedeutsamer ist noch, daß die indonesische Armee, anders als die serbische, von den Vereinigten Staaten abhängt. Das zeigte sich, als Clinton schließlich die Generäle zum Rückzug veranlaßte. Rußland hatte starke Bedenken gegen die Bombardierung Serbiens, aber davon ließen sich die USA und ihre Verbündeten nicht abschrecken. Vor Mitte September 1999 gab es keine Hinweise darauf, daß Indonesien »der Entsendung einer multinationalen Truppe zustimmen« würde, hatten doch die »besorgten Staaten« daran gar kein ernsthaftes Interesse gezeigt (und Indonesien lehnte einen solchen Vorschlag entschlossen ab). Der Hauptgegner einer auch nur unbewaffneten »Intervention« während der ersten Monate des Terrors war Washington gewesen, und die Regierung blieb auch angesichts der Greueltaten nach dem Referendum bei dieser Haltung.

Washingtons Grundsätze wurden kurz und knapp von dem angesehenen australischen Diplomaten Richard Butler umrissen, der seinen Landsleuten mitteilte, was er von »hochrangigen amerikanischen Fachleuten« gesagt bekommen hatte: Die USA handeln ihrem eigenen Interesse gemäß; andere tragen die Lasten und die Kosten, sofern keine weitergehenden Machtinteressen im Spiel sind.[33] Das ist eine faire Darstellung dessen, worum es in dieser neuen Ära der Aufklärung und edler Prinzipien tatsächlich geht. Der Fall Ost-Timor ist dafür ein weiteres eindrucksvolles Beispiel auf unserer Liste.

Zu den Hauptprinzipien der neuen Ära gehört die Auffassung, daß staatliche Souveränität hinter der Verteidigung der Menschenrechte zurückzustehen habe, was sich natürlich nur die »aufgeklärten Staaten« erlauben dürfen. Dergestalt behalten Großbritannien und die USA sich das Recht zur militärischen und ökonomischen Kriegführung vor, um, so die erklärte Absicht, Saddam Hussein in die Schranken zu weisen. Aber eine iranische Invasion des Irak, die den Tyrannen stürzen soll, kommt natürlich nicht in Frage, obwohl der Iran unter der von den USA und Großbritannien unterstützten Invasion durch den Irak erheblich zu leiden hatte. Das Prinzip der eingeschränkten Souveränität wäre bejahenswert, wenn es auf ernstzunehmende Weise durchgesetzt werden würde. Dem steht jedoch entgegen, daß die Zahl derer, die es durchsetzen können und dürfen, beschränkt ist. Die beiden soeben erwähnten Beispiele reichen aus, um weitergehende Illusionen als solche erscheinen zu lassen.

Indonesiens ungerechtfertigtem Anspruch auf Souveränität über Ost-Timor wurde von den aufgeklärten Staaten, die ihren aufgeklärten Prinzipien folgten, feinfühligster Respekt erwiesen. Sie bestanden darauf, daß dem indonesischen Militär die Verantwortung für die Sicherheit zukommen müsse, derweil die Generäle gerade einen weiteren Terrorfeldzug unternahmen. Gleichermaßen muß das Kosovo, so die Forderung der USA und ihrer Verbündeten, unter serbischer Oberhoheit bleiben. Wahrscheinlich fürchten sie ein Groß-Albanien. Aber die Souveränität, auf die sich die NATO im Falle Serbiens beruft, kann zugunsten der Verteidigung von Menschenrechten verletzt werden, während in Ost-Timor gerade die Nicht-Souveränität jede Bemühung um die Menschenrechte, die von der NATO so brutal verletzt werden, vereitelt.

Die neue Ära ist ziemlich verwirrend.

Die von Richard Butler beschriebene Wirklichkeit wird gut beleuchtet durch das, was sich im April 1999 in Ost-Timor abspielte, als anderenorts die Begeisterung über die neue Ära hohe Wellen schlug. Zu der Zeit veranstalteten die von den USA und Großbritannien bewaffneten und ausgebildeten indonesischen Truppen wiederholt Massaker, über die vor allem in Australien ausführlich berichtet wurde. Am 6. August – zufälligerweise konnte man just an diesem Tag in den Zeitungen von der Clinton-Doktrin lesen – sprach die Kirche in Ost-Timor von 3000 bis 5000 Personen, die seit Jahresbeginn umgebracht worden seien, ungefähr zweimal soviel wie im Kosovo auf beiden Seiten ein Jahr vor den Bombardements. Und unter ganz anderen Bedingungen. Die ost-timoresischen Opfer waren schutzlose Zivilisten. Es gab keine Kampfhandlungen von ihrer Seite, keine Landnahme durch ausländische Guerillas, keine Angriffe auf Polizisten und Zivilpersonen mit dem erklärten Ziel, eben jene Gegengewalt zu provozieren, die zu einer militärischen Intervention des Westens führen könnte. In Ost-Timor waren die zahlenmäßig alles andere als umfangreichen Widerstandskräfte auf isolierte Bergregionen beschränkt, während die Greueltaten fast ausschließlich von der Besatzungsarmee und ihren paramilitärischen Verbündeten begangen wurden. Die Situation im Kosovo, der wir uns im dritten Kapitel zuwenden, war in jeder Hinsicht anders.

In Ost-Timor führten die Prinzipien und Werte der aufgeklärten Staaten zur gleichen Schlußfolgerung wie in der Türkei und Kolumbien: Die Mörder müssen unterstützt werden. Auch aus dem Kosovo wurde ein Massaker gemeldet: Am 15. Januar gab es in Racak 45 Tote. Dieses Ereignis löste angeblich bei westlichen Humanitaristen einen derartigen Schock aus, daß man zehn Wochen später Jugoslawien bombardieren mußte, wobei die Erwartung, daß die Luftangriffe eine beträchtliche Eskalation der Gewalt hervorrufen würden, schnell in Erfüllung ging.[34]

Diese Beispiele – und es sind nur einige wenige – zeigen, unter welchen Bedingungen die führenden Politiker der westlichen Welt jene neue Ära einläuten und sich im Namen der »internationalen Gemeinschaft«, deren Einwände unter den Tisch gewischt werden, wegen ihrer »moralischen Zielsetzung« beglückwünschen. Abgesehen von den tatsächlichen Vorgängen im Kosovo wurde diese Selbstbeweihräucherung dadurch ermöglicht, daß man verschwieg oder camouflierte, was durch die Beachtung der bereits erwähnten moralischen Binsenwahrheiten sofort zu Tage getreten wäre.

So zeigen die erwähnten Testfälle, wie die Prinzipien und Werte der neuen Ära beschaffen sind: Die Gewalttaten hätten verhindert oder zumindest eingeschränkt werden können, wenn der Westen die Kollaboration verweigert hätte. Es waren, in der Terminologie der Apologeten staatlicher Gewalt, Greueltaten, die die USA »duldeten«, während sie es »versäumten«, die Opfer zu schützen. Die neue Generation zieht aber lieber andere Testfälle wie Tschetschenien oder Tibet vor, weil man hier die Verbrechen anderen zuschreiben kann. Dann muß man sich nämlich nur, was sehr viel bequemer ist, die Frage stellen, wie man darauf reagieren soll.

Die extremsten Beispiele dieser Kategorie sind die Kriege in Afrika. Hier tritt, wenn wir die Vorgeschichte einmal beiseite lassen, die neue Generation nicht direkt als Sponsor der Verbrechen auf. Hier verhält Washington sich so, wie es der Sicherheitsberater Sandy Berger und der Diplomat Richard Butler skizziert haben: Da man nichts gewinnt, wenn man den Opfern des Terrors beisteht, muß man auch nicht reagieren (außer durch Waffenlieferungen an die Kontrahenten, um den Konflikt anzuheizen). Während die Pläne zur Bombardierung Serbiens im Februar 1999 endgültige Gestalt annahmen, lief Clintons Afrika-Politik darauf hinaus, daß »Afrika seine Krisen allein lösen solle«. So jedenfalls formulierten es westliche Diplomaten. Von europäischen und UN-Diplomaten war zu hören, daß »die Vereinigten Staaten Bemühungen der Vereinten Nationen um Friedensmissionen, die einige Kriege hätten verhindern können, vereitelten«. Dem UN-Bevollmächtigten für Afrika zufolge habe Clintons Weigerung, kleine Summen für UN-Friedenskorps im Kongo zur Verfügung zu stellen, den UN-Vorschlag »torpediert«. Sierra Leone ist ein weiteres einschlägiges Beispiel. 1997 »zögerte Washington die Diskussion über einen britischen Vorschlag zur Entsendung von Friedenskorps hinaus«, um dann, während die Gewalt zunahm, nichts zu unternehmen. Im Mai 2000 forderte UN-Generalsekretär Kofi Annan militärische Unterstützung für die UN-Friedenstruppen, die den Greueltaten nicht mehr Einhalt gebieten konnten. US-Regierungsbeamte berichteten, daß »die Regierung Clinton hartnäckig darauf bestand, nur logistische und technische Hilfe anzubieten«, was sich dann als Betrug herausstellte, weil Clinton für den Einsatz von US-Flugzeugen eine exorbitant hohe Summe verlangte. »Wenn Washington logistische Unterstützung anbietet, wie etwa Flugzeuge, die Truppen aus anderen Ländern einfliegen, liegen die US-amerikanischen Forderungen um das Dreifache über dem handelsüblichen Preis«, sagte Annan und fügte hinzu: »Washington läßt keinen amerikanischen Offizier einen Fuß auf den Boden setzen.« Selbst handelsübliche Preise kann die UN kaum zahlen, weil die USA sich weigern, ihre Schulden zu begleichen.[35]

Auch hier sind die Folgerungen leicht zu ziehen. Mit einer in der internationalen Politik sonst unüblichen Deutlichkeit behalten die Skeptiker bei der Bewertung der neuen Ära die Oberhand. Wirkungen zeitigt das indes nicht, weil die verantwortlichen Intellektuellen diese Tatsachen in einen undurchdringlichen Kokon eingesponnen haben: Schlimmstenfalls »dulden« wir die Verbrechen anderer und können uns dann selbst kasteien, weil wir nicht angemessen darauf reagiert haben. Dergestalt beweisen wir unser Engagement für die edlen moralischen Prinzipien und die Bereitwilligkeit, noch unsere ärgsten Fehler einzugestehen.

Während elementare Überlegungen ausreichen, um das Triumphgeschrei, mit dem die Bombardierung Serbiens begleitet wurde, zum Schweigen zu bringen, bleibt die Frage, warum man sich zum Krieg entschloß, ebenso offen wie das Problem seiner Legitimität. Möglicherweise gibt es da wirklich einen »Widerspruch«, der allerdings anders geartet wäre, als die apologetische Literatur ihn bestimmt: Möglicherweise war das Kosovo ein Sonderfall, bei dem die neue Generation von ihrer gewohnten Verfahrensweise abwich und tatsächlich, wie behauptet, mit einer moralischen Zielsetzung handelte – mit beträchtlicher Leidenschaft, aber einer höchst unklaren Begründung.

Wie bereits erwähnt, führte die offizielle Rechtfertigung, die von William Cohen und Henry Shelton im Januar 2000 noch einmal vorgetragen wurde, drei hauptsächliche Beweggründe an:

1. Sicherung der Stabilität Osteuropas;
2. Verhinderung ethnischer ›Säuberungen‹;
3. Sicherung der Glaubwürdigkeit der NATO.

Allerdings hätte der zweite Punkt allein nicht ausgereicht, wie Clintons Sicherheitsberater Sandy Berger betonte. Es muß das »nationale Interesse« involviert sein, also die Stabilität Osteuropas und die Glaubwürdigkeit der NATO.

Der dritte Punkt wurde am beharrlichsten in den Vordergrund gerückt, was verständlich wird, wenn man seine Bedeutung versteht: »Glaubwürdigkeit der NATO« heißt »Glaubwürdigkeit der US-amerikanischen Machtposition«; die »unbotmäßigen« Elemente in der Welt müssen wissen, welchen Preis sie zu zahlen haben, wenn sie den Befehlen des Meisters in Washington nicht gehorchen.[36] Ebenfalls plausibel ist der erste Punkt, wobei auch hier die Begriffe – »Sicherung der Stabilität« – nicht wörtlich verstanden werden dürfen. Vielmehr ist eine Region »stabil«, wenn sie zum von den USA beherrschten globalen System gehört, wo Machtstrukturen und Interessen im Sinne Washingtons geregelt sind.

Im wörtlichen Sinn war Osteuropa am stabilsten unter der Herrschaft des Kreml. Im westlichen Sinn wurden die von Jakarta beherrschten Regionen 1965 stabil, als in Indonesien eine Militärdiktatur installiert wurde, nachdem zuvor die Massenbasis der Kommunistischen Partei – zumeist arme Bauern, deren Interessen sie vertrat – durch ein Massaker à la Ruanda zerschlagen worden war. Schon 1958 war Washington besorgt, weil die PKI durch »normale demokratische Mittel« anscheinend nicht zu bremsen war. Damals begannen die USA einen geheimen Krieg, um Indonesiens Position zu schwächen. Als diese Unternehmung fehlschlug, unterstützten sie das Militär, das sich zum Ziel gesetzt hatte, »die PKI zu vernichten«.[37] Aufgrund ihrer Massenbasis und ihrer prochinesischen Haltung war die PKI eine Quelle der »Instabilität«. Daß die USA und Großbritannien das für die Massenmorde verantwortliche Militär auch nach 1965 weiter unterstützten, ist verständlich, gilt Indonesien doch, wie noch im September 1999 betont wurde, als »wichtiger Faktor für die Stabilität der Region«.

Auch in Guatemala mußte Washington einer mörderischen Militärdiktatur zur Macht verhelfen, weil die erste demokratische Regierung dieses Landes »eine zunehmende Bedrohung für die Stabilität von Honduras und El Salvador darstellte«, wie Beamte des US-Außenministeriums warnend verlauten ließen. Die Stabilität à la Washington war bedroht, weil Guatemalas »Agrarreform eine machtvolle Propagandawaffe ist; das umfassende Sozialprogramm, das die Arbeiter und Bauern in einem siegreichen Kampf gegen die Oberschichten und großen ausländischen Unternehmen unterstützen soll, übt auf die Bevölkerung der mittelamerikanischen Nachbarstaaten, in denen ähnliche Bedingungen herrschen, starke Anziehungskraft aus.« Nach vierzig Jahren Terror gibt es solche Programme nicht mehr, und darum geht von Guatemala mittlerweile auch keine Gefahr für die Stabilität aus. In diesem Sinn ist es sogar widerspruchsfrei möglich, zu »destabilisieren«, um die »Stabilität« zu gewährleisten. So dienten die Bemühungen von Nixon und Kissinger, »eine frei gewählte marxistische Regierung in Chile zu destabilisieren«, dem Ziel, »die Stabilität zu fördern«, wie ein führender Experte für Lateinamerika-Politik bemerkte.[38]

Wird »Stabilität« so verstanden, ist die Annahme vernünftig, daß die Bombardierungen »die Stabilität Osteuropas« und »die Glaubwürdigkeit der NATO« sichern sollten.

Der zweite Beweggrund – die »Verhinderung ethnischer ›Säuberungen‹« – war schon während des Kriegs nicht besonders glaubwürdig und hat sich angesichts umfangreicher

Beweismaterialien, die seither von US-amerikanischen und anderen westlichen Quellen veröffentlicht wurden, als völlig nichtig erwiesen. In ihren Erläuterungen dieses Beweggrundes versicherten Cohen und Shelton, daß vor der Bombardierung »die grausamen Unterdrückungsmaßnahmen des Belgrader Regimes im Kosovo zu einer humanitären Katastrophe unglaublichen Ausmaßes« geführt hätten. »Milosevics von ihm als ›Operation Hufeisen‹ bezeichnete Kampagne hätte zu noch mehr Vertreibungen, Elend und Verlusten an Leben geführt, wenn seiner Rücksichtslosigkeit nicht Einhalt geboten worden wäre.« Vor den Bombardements vom 24. März 1999 habe Milosevic »diesen barbarischen Plan vollendet« und am 21. März, einen Tag nach dem Abzug der OSZE-Beobachter, hätten serbische Streitkräfte »eine Großoffensive mit dem Namen ›Operation Hufeisen‹ gestartet«. Einige Monate zuvor hatte Cohen vor dem Kongreß bezeugt, daß »wir jetzt, im nachhinein, wissen, daß er [Milosevic] eine Operation Hufeisen geplant hatte, mittels derer er seine Ziele durchsetzen wollte, und er glaubte, sie innerhalb eines sehr kurzen Zeitraums, vielleicht innerhalb einer Woche, durchsetzen zu können«, wenn die Bombardierung seine Pläne nicht vereitelt hätte.[39]

Diese »Operation Hufeisen« ist von vielen gutunterrichteten Kommentatoren als Rechtfertigung für die Bombardements angesehen worden. So schreiben z. B. die Balkan-Experten Ivo Daalder und Michael O'Hanlon, ranghohe Mitarbeiter der Brookings Institution, Milosevic habe gegen Ende 1998 »die Operation Hufeisen gebilligt – einen Plan von wahrhaft schreckenerregender Größenordnung, der vorsah, das Kosovo durch dauerhafte Vertreibung großer Teile der Zivilbevölkerung völlig umzugestalten«. Insofern wären die »Probleme im Kosovo weitaus größer, wenn die NATO nicht eingegriffen hätte«.[40]

Unbestritten ist, daß es im Gefolge der Bombardierung zu einer rapiden Ausweitung von Greueltaten und ethnischen ›Säuberungen‹ kam. Aber das ist natürlich gerade keine Begründung für die NATO-Aktionen. Im übrigen wirft die offizielle Darstellung der Ereignisse einige Fragen auf.

Zum einen bieten die von Washington, der NATO und anderen westlichen Quellen erstellten Dokumentationen keine eindeutigen Beweise für eine serbische Offensive nach dem Abzug der Beobachter. Dafür belegen sie, daß die Serben ihre Säuberungsoperationen gleich nach Beginn der Bombardierung starteten. Wir kommen darauf zurück, halten zunächst jedoch fest: Selbst wenn nach dem Abzug der Beobachter eine serbische Offensive als Vorbereitung für einen militärischen Angriff gestartet wurde, ist damit der Abzug selbst, der gegen den Willen der Serben erfolgte (was in den Mainstream-Medien verschwiegen wurde, aber am Tag vor der Bombardierung öffentlich bekannt war),[41] ebensowenig gerechtfertigt wie der NATO-Angriff, den er letztlich hervorrief.

Zum anderen muß man zwischen Plänen und ihrer Umsetzung unterscheiden. Was die Großmächte und ihre Vasallen für den Ernstfall planen, ist, soweit öffentlich bekannt, grauenhaft; was nicht bekannt ist, mag noch schrecklicher sein.[42] Daß Milosevic für das Kosovo Pläne »von wahrhaft erschreckender Größenordnung hegte«, kann auch ohne Zugang zu internationalen Quellen als unzweifelhaft gelten, sowie auch einige Gewißheit darüber herrscht, daß Israel Pläne zur Vertreibung großer Teile der palästinensischen Bevölkerung geschmiedet hat und diese angesichts ernstzunehmender Kriegsdrohungen aus Syrien oder dem Iran auch in die Tat umsetzen würde. Kaum bezweifelbar ist ferner, daß das serbische Militär im März 1999, angesichts glaubhafter Drohungen seitens der USA und ihrer Verbündeten, sich auf die Umsetzung solcher Pläne im Kosovo vorbereitete. Aber es ist ein langer Weg von den Plänen und ihrer Vorbereitung bis zu der Folgerung, daß die Pläne umgesetzt würden, sofern ihre Urheber nicht durch einen militärischen Angriff daran gehindert werden können. Wenn nun dieser Angriff die Umsetzung der Pläne allererst hervorruft, wird er eben dadurch nachträglich gerechtfertigt. Eine verzwickte Logik.

Ganz sicher gibt es »keinen Zweifel daran, daß die ethnischen Säuberungen schon vor den NATO-Bombardements systematisch geplant worden sind«; etwas anderes wäre unter den gegebenen Umständen auch gar nicht zu erwarten gewesen. Wenn es aber heißt, »westliche Geheimdienste bestätigen, daß [die ethnischen ›Säuberungen‹] bereits vor den ersten Luftangriffen der NATO im Gange waren«, dann müssen dafür Beweise erbracht werden, und wenn sie substantiell sein sollen, muß nachgewiesen werden, daß die serbischen Aktionen bereits vor dem Abzug der Beobachter begonnen hatten.[43] Außerdem müßte erklärt werden, warum Washington in der umfangreichen Dokumentation über die Ereignisse außerstande war, diese Beweise öffentlich zu machen.

Weitere Fragen wirft die »Operation Hufeisen« auf, die angeblich von deutschen Gewährsleuten zwei Wochen nach Beginn der Luftangriffe entdeckt und, Verteidigungsminister Cohen zufolge, erst »im nachhinein« bekannt geworden war und somit kein Beweggrund für die Bombardierung gewesen sein kann. Merkwürdigerweise wurde diese Entdeckung auch dem NATO-Oberbefehlshaber, General Wesley Clark, vorenthalten, der einen Monat nach Beginn der Angriffe gegenüber der Presse auf entsprechende Fragen erklärte, ihm sei »davon nichts mitgeteilt worden«.[44] Der für die OSZE arbeitende deutsche General i. R. Heinz Loquai behauptet in einem Buch, daß der Plan aufgrund von mittelmäßigen Berichten des bulgarischen Geheimdienstes erfunden worden sei.

Eine solche Operation habe es in Wirklichkeit nie gegeben. Der deutschen Zeitung *Die Woche* zufolge war der Plan lediglich eine von bulgarischen Geheimdiensten entworfene allgemeine Analyse der serbischen Vorgehensweise im Krieg, wobei die Landkarten, die überall in der Welt als Beweis für die NATO-Information herumgezeigt wurden, im deutschen Hauptquartier gezeichnet worden seien. Der bulgarische Bericht, so die Zeitung weiter, sei zu dem Schluß gekommen, daß das serbische Militär zwar die Kosovo-Befreiungsarmee (KLA) vernichten, aber nicht die gesamte albanische Bevölkerung vertreiben wollte, wie später der deutsche Verteidigungsminister Rudolf Scharping und die NATO-Führung vorgaben. Loquai behauptet sogar, daß Scharping selbst den Namen »Operation Hufeisen« geprägt habe und weist auf einen grundlegenden Fehler in der deutschen Darstellung hin, derzufolge die Operation »Potkova« genannt worden sei. Das aber ist das kroatische Wort für Hufeisen, während es im Serbischen »Potkovica« heißen muß. Loquais Buch wurde in der deutschen Presse sehr günstig besprochen und Scharpings »Propagandalügen« einer scharfen Kritik unterzogen (so hatte er den Umfang der serbischen Truppen vor der Bombardierung mit 40 000 statt 20 000 Mann angegeben). Wenig Beifall fanden auch seine Ausflüchte, mit denen er sich den Vorwürfen entzog.[45]

Ein weiteres Problem ist, daß General Wesley Clark auch nichts von einem Plan zur »Verhinderung ethnischer ›Säuberungen‹« wußte. Als die Angriffe am 24. März begannen, informierte er – wiederholt und mit Nachdruck – die Presse, daß brutale serbische Greueltaten eine »völlig vorhersehbare« Folge der Bombardierung sein würden. Später führte er aus, daß die Militäroperationen der NATO nicht dazu dienten, »ethnische Säuberungen der Serben« zu verhindern oder einen Krieg gegen die serbischen Streitkräfte im Kosovo zu führen. Äußerungen der US-Regierung und andere zu der Zeit verfügbare Quellen verliehen Clarks Aussagen eine beträchtliche Plausibilität. Seitdem sind u. a. vom US-Außenministerium, der NATO, der KVM (Kosovo Verification Mission) und der OSZE umfangreiche Dokumentationen veröffentlicht worden, die zumeist dem Zweck dienten, den Krieg der NATO zu rechtfertigen. Wir kommen darauf im dritten Kapitel zurück und merken hier nur an, daß General Clarks Analysen in einem für mich erstaunlichen Ausmaß bestätigt werden. Noch erstaunlicher ist, daß die Dokumentationen kaum Hinweise auf die Annahme enthalten, daß die Greueltaten nach dem Abzug der Beobachter am 20. März signifikant zugenommen hätten, was ich damals eigentlich erwartet hatte.

Sollten die Auswirkungen der politischen Maßnahmen der NATO also derart vorhersehbar gewesen sein, bleibt von den edelmütigen Absichten der neuen Generationen nicht viel übrig. Seit den Bombardements wird das Argument heruntergebetet, sie sollten »die Vertreibung der Albaner aus dem Kosovo« – also die »Operation Hufeisen« – verhindern. Angeblich also sind die Luftangriffe (oder, wie William Cohen behauptet, ihre Ankündigung, was indes der offiziellen Darstellung der Regierung widerspricht) dieser Operation zuvorgekommen, wobei die Operation wie auch die Absicht der Luftangriffe dem Oberbefehlshaber nicht bekannt waren. Ähnlich lauten die Folgerungen derjenigen, die den Luftkrieg als wirkungslos kritisierten: »Die Angriffe konnten die ethnischen Säuberungen, aufgrund derer die westlichen Politiker sich überhaupt erst zum Handeln gezwungen sahen, nicht verhindern.« Damit wird, wie immer man die Aktionen bewerten mag, die chronologische Abfolge der Ereignisse in ihr Gegenteil verkehrt. In einem vielgelobten Buch über den Krieg versichert der Historiker David Fromkin ohne weitere Begründungen, daß die USA und ihre Verbündeten nur aus

»Altruismus« und »moralischer Entrüstung« gehandelt hätten und dabei »eine neue Form der Machtausübung in der Weltpolitik« entwickelt hätten, indem sie »auf die Deportation von mehr als einer Million Kosovaren« durch Bombardierungen reagiert hätten, um diese Menschen »vor schrecklichem Leid oder dem Tod zu bewahren«. Er bezieht sich auf diejenigen, die als vorweggenommene Folge der Bombardierungen vertrieben wurden. Alan Kuperman, Experte für internationale und Sicherheitspolitik meint, daß in Ost-Timor und im Kosovo »die Androhung von Wirtschaftssanktionen oder Bombardierungen einen tragischen Rückschlag hervorgerufen hat«. Die Intervention des Westens sei zu spät gekommen, um die ausufernden Greueltaten zu verhindern. Nun sind gerade im Kosovo die Warnungen nicht zu spät gekommen, sondern, wie die Luftangriffe selbst (wenn man offiziellen Dokumenten folgt), den Massakern vorhergegangen. Und in Ost-Timor haben weder Drohungen noch Aktionen des Westens »einen tragischen Rückschlag hervorgerufen«. Es gab sie nämlich gar nicht, und selbst die Androhung von Sanktionen wurde auf einen späteren Zeitpunkt, nach der Beendigung der Gewalttaten, verschoben. Eine Intervention des Westens, die diesen Namen verdient hätte, hat dort schlechterdings nicht stattgefunden.[46]

Bleiben also zwei plausible Begründungen für die Angriffe gegen Serbien: »Sicherung der Stabilität« und »Sicherung der Glaubwürdigkeit der NATO«, verstanden jeweils im Sinne Washingtons.

Das reicht für die Behauptung, die neue Generation habe mit der Bombardierung Serbiens »moralische Ziele« verfolgt, natürlich nicht aus. Mithin wurden andere Argumente gesucht. Ein bereits erwähntes sieht den Krieg als Präzedenzfall für die »humanitäre Intervention« in Ost-Timor. Selbst das würde die Bombardierung nicht rechtfertigen, aber da die

Voraussetzung schon nicht stimmt, ist die Schlußfolgerung gleichfalls falsch.

Eine weitere geläufige Version für die Intervention im Kosovo sieht diese als »Wiedergutmachung« für Bosnien, wo der Westen tatenlos zugesehen habe. Die NATO hat, so Fouad Ajami,

> »gegen den Rat von Meinungsforschern und Realisten und Befürwortern des Vorrangs der ›Geoökonomie‹ einen gerechten Krieg geführt. Sie ist dort hineingezogen worden wie schon zuvor in Bosnien, weil sie sich ihres Spiegelbildes schämte, dem sie auf dem Balkan ins Auge sehen mußte.«

Ähnlich argumentiert Aryeh Neier, dem zufolge die »Advokaten der humanitären Intervention« verhindern wollten, daß aus dem Kosovo ein zweites Bosnien wird.[47]

Diese Behauptungen werden ohne weitere Begründung als offensichtliche Wahrheiten präsentiert und folgen der Norm für die Rechtfertigung staatlicher Gewalt. Dazu nehmen sie, nebenbei gesagt, auf die offiziellen Begründungen für die Intervention gar keine Rücksicht. De facto aber sind es, wiewohl unabsichtlich, schwerwiegende Anklagen gegen die moralische und politische Kultur des Westens, der, in den balkanischen Spiegel blickend, sich lediglich vorwerfen muß, auf die Verbrechen anderer nicht angemessen reagiert zu haben und dabei vergessen kann, daß er anderenorts sich aktiv an der Ausübung von Gewalt beteiligt hat. Darüber aber müssen sich die »Advokaten der humanitären Intervention« keine Gedanken machen. Sie wollten ein zweites Bosnien verhindern, nicht aber die Wiederholung ihrer eigenen Verbrechen.

Auch hier läßt sich wieder die Parallele zu Ost-Timor ziehen, und man sollte betonen, daß die dort verübten Verbrechen früherer Jahre mit den Greueltaten, die Milosevic in Jugoslawien zugeschrieben werden können, zumindest vergleichbar und die Verantwortlichen sogar noch einfacher zu benennen sind. Wer also die Bombardierung Serbiens damit rechtfertigt, daß ein zweites Bosnien verhindert werden sollte, hätte konsequenterweise Anfang 1999 auch die Bombardierung Jakartas – wo nicht gar Washingtons und Londons – fordern müssen, um die Wiederholung der Verbrechen, die seit fünfundzwanzig Jahren von Indonesien, den USA und Großbritannien in Ost-Timor begangen wurden, zu verhindern. Und wäre er bei den Politikern der neuen Generation auf taube Ohren gestoßen, hätte er aufrechte Bürger zu dieser Tat ermutigen müssen. Diese Folgerungen ergeben sich zwingend, wenn die These »Kein zweites Bosnien« mehr sein soll als nur eine Apologie staatlicher Gewaltanwendung.

Sie ist aber nicht mehr als eben das, denn der ihr zugrundeliegenden Doktrin zufolge ist militärische Gewalt legitim, wenn ihre Nichtanwendung das Objekt des Angriffs dazu verleiten könnte, Greueltaten zu begehen. Aber wenn wir diesen Maßstab anlegen, können gewalttätige Staaten, unter dem Beifall der gebildeten Schichten, tun, was ihnen beliebt.

Ein anderer Versuch, den Konsequenzen der »Befürwortung humanitärer Intervention« im Kosovo zu entgehen, ist die Forderung, die NATO hätte nicht bombardieren, sondern einmarschieren sollen. Dieser Vorschlag kann jedoch nur ernstgenommen werden, wenn er von entsprechenden vernünftigen Überlegungen zu den möglichen Folgen einer Invasion (insbesondere vor dem Hintergrund der US-amerikanischen Militärdoktrin), zu logistischen Komplikationen und anderen Problemen begleitet wird.[48] Danach aber sucht man vergebens, obwohl es doch zu jenem Minimum gehört, das man von den Befürwortern gewaltsamen Eingreifens, in welcher Absicht es auch immer geschehen mag, verlangen kann.

Eine weitere Methode der Rechtfertigung der Intervention

besteht darin, absurde Argumente gegen das Bombardement zu erfinden und zu widerlegen, ohne dabei auf die tatsächlich vorgebrachten einzugehen. Ein beliebtes Ziel ist dabei die ungenannt bleibenden »Linken« zugeschriebene Behauptung, die USA hätten aufgrund ihrer Untaten in der Vergangenheit kein Recht zu intervenieren. Nun ist es eine Binsenweisheit, daß die Geschichte eines Staates bei der Frage, ob er ein Recht zur Intervention habe, eine Rolle spielt. Aber die Folgerung, ein Staat mit einer schändlichen Vergangenheit habe automatisch das Recht verwirkt, zu intervenieren, ist völlig irrational und mithin leicht zu widerlegen. Auch diese Argumentation kann als stillschweigendes Eingeständnis aufgefaßt werden, daß es zu schwer ist, die Last der Verantwortung für die Anwendung von Gewalt zu tragen. Schwer ist es sicher immer, aber im Prinzip durchaus möglich, außer für entschiedene Pazifisten.

Die Folgerung wird noch deutlicher, wenn wir uns die gelegentlichen Versuche ansehen, eine authentische Quelle zu zitieren. So schreibt etwa der Korrespondent Ian Williams über Edward Said und mich, wir hätten »aus der Untätigkeit des Westens in Palästina, Ost-Timor, Kurdistan usw. geschlossen, daß ein Einsatz zugunsten des Kosovo nicht von guten Motiven geleitet sein kann und darum abgelehnt werden sollte«. Das ist für ihn eine »äußerst theologische Einstellung« und ein »in der gesamten Linken verbreitetes ... moralisierendes Element«. Um seinen Vorwurf zu erhärten, zitiert er jedoch nur Said und eine in dieser Hinsicht völlig nebensächliche Äußerung von mir.[49] Aber selbst die oberflächlichste Lektüre meiner Schriften macht zweifelsfrei deutlich, daß ich genau die entgegengesetzte Auffassung vertrete und sogar die wenigen Beispiele einer militärischen Intervention mit günstigen Folgen anführe, die mithin legitim sind, auch wenn die intervenierenden Staaten durch ihre Verbrechen geschichtlich stark vorbelastet sind. Zudem verfällt auch Williams der verbreiteten Spielart der Apologie staatlicher Gewaltanwendung. Said und ich haben uns in den von ihm erwähnten Fällen nicht mit der »Untätigkeit« des Westens beschäftigt, sondern mit dessen höchst aktivem *Handeln*, also mit einer Tatsache, die für viele westliche Intellektuelle unannehmbar bleibt. Wiederum bleibt nur der Schluß, daß die Last der Verantwortung nicht getragen werden kann.

Im März 2000 verfaßte Jiri Dienstbier, ehemaliger tschechischer Dissident und jetzt UN-Sonderbeauftragter für das ehemalige Jugoslawien einen Bericht für die UN-Menschenrechtskommission, dessen Argumente nur mit großer Anstrengung ignoriert werden können: »Die Bombardierung hat keine Probleme gelöst«, heißt es dort. »Sie hat die bereits existierenden vermehrt und neue geschaffen.« Auch Michael MccGwire vermerkt kritisch, daß »die serbischen Streitkräfte sicherlich das Instrument der ›humanitären Katastrophe‹ waren, der seit langem sich abzeichnende Kriegsdrang der NATO aber zweifellos ihre grundlegende Ursache bildete«. Die Bombardierung als »humanitäre Intervention« zu bezeichnen ist, so MccGwire, »wirklich grotesk«:

> »Niemand bezweifelt die guten Absichten, die dem zugrundelagen, aber man hegt den Verdacht, daß die moralistische Rhetorik, die Dämonisierung, die Behauptung, Vorreiter einer neuen, auf Werten und Interessen beruhenden, Außenpolitik zu sein, eine Form der Verleugnung darstellte. Sie sollte vor uns allen die unangenehme Tatsache verbergen, daß Politiker und ihre Völker ihren Anteil an der Schuld für unbeabsichtigte Folgen zu tragen haben – in diesem Fall die humanitäre Katastrophe und die Opfer unter der Zivilbevölkerung in Serbien«,

die indes nur einen Teil dieser Katastrophe ausmachen.[50]

MccGwires Kommentar erscheint realistisch, wobei man hinter die »guten Absichten« ein Fragezeichen setzen muß. Der Ausdruck »unbeabsichtigte Folgen« verschleiert die Tatsache, daß sie erwartet werden konnten, auch wenn sie nicht, wie der Oberkommandierende zu Anfang meinte, »völlig vorhersehbar« waren. Außerdem ist es durchaus nicht zutreffend, daß »niemand die guten Absichten bezweifelt«. Das tut nämlich die von MccGwire selbst genannte »Weltöffentlichkeit«, wie er in einem weiter oben bereits angeführten Zitat betont. Vor dem Hintergrund der von uns gewählten Testbeispiele, anhand derer wir die widerstreitenden Interpretationen der neuen Ära auf den Prüfstand stellten, ist die Rede von unbezweifelbar guten Absichten besonders bezweifelbar.

Es ist wirklich nicht leicht, in der Politik der Großmächte und in den Prinzipien und Werten, von denen diese Politik de facto geleitet wird, Widersprüchlichkeiten zu entdecken. Das sollte indes all diejenigen nicht überraschen, die sich dem verweigern, was bisweilen »absichtsvolle Ignoranz« genannt wird.[51] Wir wenden uns nun einer gründlichen Untersuchung jener beiden humanitären Katastrophen zu, mit denen die These von der »moralischen Zielsetzung« und der daraus entwickelten Zukunftsvision begründet wurde.

II. »Grünes Licht« für Kriegsverbrechen

Es ist nicht leicht, mit – und sei es nur vorgetäuschter – Ruhe und Leidenschaftslosigkeit über die Ereignisse zu schreiben, die sich 1999 in Ost-Timor abspielten. Scham und Erschrecken vermischen sich mit der Erkenntnis, daß die Verbrechen so vertraut anmuten und so einfach hätten beendet werden können. Im Dezember 1975 wurde Ost-Timor von Indonesien besetzt, wobei die USA diplomatische und – illegale, aber unter dem Deckmantel eines Embargos insgeheim autorisierte – militärische Unterstützung gewährten. Den von den indonesischen Besatzern in den folgenden Jahren begangenen Gewalttaten hätten die USA von Anfang an energisch entgegentreten können und dazu noch nicht einmal mit Sanktionen oder Bomben drohen müssen. Sehr wahrscheinlich hätte es gereicht, die Zusammenarbeit aufzukündigen und den Bundesgenossen im indonesischen Militärkommando mitzuteilen, daß sie dem Territorium das von den Vereinten Nationen und dem Weltgerichtshof zuerkannte Recht auf Selbstbestimmung einzuräumen hätten. Wir können das Vergangene nicht ungeschehen machen, sollten aber zumindest bereit sein zu erkennen, was wir getan haben, und die moralische Verantwortung auf uns nehmen, zu retten, was noch zu retten ist, und Wiedergutmachung zu leisten, soweit dies angesichts der schrecklichen Verbrechen möglich ist.

Das letzte Kapitel dieser schmerzlichen Geschichte von Verrat und Komplizenschaft begann nach dem Referendum vom 30. August 1999, als die Bevölkerung von Ost-Timor mit überwältigender Mehrheit für die Unabhängigkeit stimmte. Das indonesische Militär (TNI) reagierte darauf mit verschärfter Anwendung von Gewalt. Eine Mission des UN-Sicherheitsrats schätzte am 11. September die Lage so ein:

»Daß es direkte Verbindungen zwischen Miliz und Militär gibt, ist zweifelsfrei erwiesen und von UNAMET [der UN-Hilfsmission] während der letzten vier Monate hinreichend dokumentiert worden. Aber die in der letzten Woche in Ost-Timor angerichteten Zerstörungen waren so gründlich und umfassend, daß sich darin die offene Beteiligung des Militärs an der Durchführung einer bislang eher verdeckten Operation zeigt.«

Der Bericht wies darauf hin, daß »das Schlimmste vielleicht noch bevorsteht ... Es kann nicht ausgeschlossen werden, daß es sich hierbei um den Beginn einer Kampagne handelt, die darauf abzielt, das Problem Ost-Timor durch Völkermord zu lösen«.[1]

Der Indonesien-Historiker John Roosa, der zu den offiziellen Beobachtern der Abstimmung gehörte, fand ebenfalls deutliche Worte:

»Da das Pogrom vorhersehbar war, hätte es sich auch leicht verhindern lassen ... Aber in den Wochen vor der Abstimmung weigerte sich die Regierung Clinton, mit Australien und anderen Mächten die Bildung [einer internationalen Streitmacht] zu erörtern. Selbst nach Ausbruch der Gewalttaten konnte die Regierung tagelang zu keiner Entscheidung gelangen.«[2]

Schließlich mußte sie sich dem internationalen (vorwiegend australischen) und innenpolitischen Druck beugen und einige zaghafte Warnsignale aussenden: Sie drohte damit, Anleihen nicht zu befürworten und stellte die militärische Zusammenarbeit ein – die einige Monate später »stillschweigend wieder aufgenommen wurde«, wobei man darauf bedacht war, »Kritik im Kongreß und von Menschenrechtsgruppen zu vermeiden«.[3] Diese begrenzten Maßnahmen reichten aus, um die indonesischen Generäle zu einem sofortigen Kurswechsel zu veranlassen und einer internationalen Schutztruppe Zutritt zu verschaffen. Daran zeigt sich, welchen latenten Einfluß die USA seit jeher besaßen – der nach dem wirtschaftlichen Zusammenbruch Indonesiens 1997 noch größer geworden war.

Die Ereignisse von 1999 können bittere Erinnerungen an den Terror wecken, der vor mehr als zwanzig Jahren ins Werk gesetzt worden war. Nachdem General Suharto 1977-78 mit Unterstützung der Regierung Carter in Ost-Timor ein gewaltiges Blutbad angerichtet hatte, fühlte er sich sicher genug, den Mitgliedern des diplomatischen Korps in Jakarta, darunter US-Botschafter Edward Masters, einen kurzen Besuch des Territoriums zu gestatten. Die Botschafter und die Journalisten, die sie begleiteten, erlebten eine humanitäre Katastrophe, die in ihren Ausmaßen an Biafra oder Kambodscha heranreichte. Was folgte, schilderte der angesehene Indonesien-Spezialist Benedict Anderson vor den Vereinten Nationen: »Neun lange Monate«, in denen Schrecken und Hungersnot herrschten, »rührte Botschafter Masters keinen Finger, um Ost-Timor humanitäre Hilfe in Aussicht zu stellen« und wartete ab, »bis die Generäle in Jakarta ihm grünes Licht gaben« – bis sie sich »sicher genug fühlten, um ausländischen Besuchern Zugang zu gewähren«, wie ein internes Dokument des Außenministeriums berichtete. Erst dann zog Washington einige Maßnahmen in Erwägung, um die Folgen seiner Handlungen abzumildern.[4]

Clinton folgte diesem Beispiel. Auch er regte sich nicht, als das indonesische Militär von Februar bis August 1999 eine kaum verhüllte Terror- und Einschüchterungskampagne betrieb, wobei, so die Kirche und andere glaubwürdige Quellen, Tausende Ost-Timoresen getötet wurden. Und noch in den letzten Wochen, als der Präsident weiterhin zauderte, wurden UN-Schätzungen zufolge »etwa 750 000 der 880 000 Einwohner Ost-Timors vertrieben«, eine Viertelmillion ins indonesische West-Timor. Das Land wurde zu etwa 70 Prozent dem Erdboden gleich gemacht, wie viele Menschen dabei umkamen, ist unbekannt. Dem Nobelpreisträger von 1996, Bischof Carlos Belo zufolge, könnten es mehr als 10 000 sein. Der Bischof selbst mußte im Kugelhagel aus dem Land fliehen, sein Haus wurde geplündert und niedergebrannt, und die Menschen, die darin Zuflucht gefunden hatten, wurden mit unbekanntem Ziel verschleppt.[5]

Die US-Luftwaffe, die noch wenige Monate zuvor zivile Ziele in Novi Sad, Belgrad und Pancevo zentimetergenau hatte treffen können, besaß nun auf einmal nicht die Fähigkeit, Hunderttausende von Ost-Timoresen, die in den Bergen hungerten, mit Lebensmitteln zu versorgen. Dorthin waren sie von TNI-Streitkräften vertrieben worden, die ihre Waffen und Ausbildung den USA und deren ebenso zynischen Verbündeten verdankten. Die US-Regierung unternahm auch nichts, um einige hunderttausend Gefangene zu retten, die von paramilitärischen Einheiten in West-Timor festgehalten wurden. Es erhob auch niemand die Forderung nach einem solchen Vorgehen, am allerwenigsten diejenigen, die sich seit Monaten ihrer hohen moralischen Qualitäten rühmten.

Während sich die indonesische Besatzungsarmee auf Anweisung von Washington zurückzog, rückte am 20. September 1999 eine UN-Friedenstruppe (INTERFET, International Force in East Timor) in das Gebiet ein und übernahm dort sehr rasch die Kontrolle. Allerdings ging der Rückzug der indonesischen Einheiten nicht ohne Gewalttaten ab, zu denen auch die Ermordung des Südostasien-Korrespondenten Sander Thoenes am 21. September gehörte.[6] Es sei daran erinnert, daß die indonesische Invasion im Oktober 1975 mit dem Mord an fünf westlichen Journalisten begann; ein weiterer starb, als Indonesien zwei Monate später Ost-Timor endgültig besetzte.

Japan, das Indonesien lange Zeit eifrig unterstützte, spendete 100 Millionen Dollar für INTERFET, Portugal fünf Millionen, die USA nichts. Statt dessen forderte die Regierung Clinton die UNO auf, den Umfang ihrer kleinen Friedenstruppe weiter zu reduzieren. Das ist vielleicht nicht überraschend, wenn man bedenkt, daß Washington »zu den 37,9 Millionen Dollar, die für die Anlaufkosten des UN-Hilfsprogramms im Kosovo veranschlagt wurden, keinen Cent beisteuerte«. Sieben Monate, nachdem die INTERFET ihre Arbeit in Ost-Timor aufgenommen hatte, waren von den schäbigen dreizehn Millionen Dollar, die die USA für den Wiederaufbau bewilligt hatte, ganze acht Millionen ausbezahlt worden, ein Fünftel dessen, was insgesamt an Geldern eingegangen war.[7]

Ende 1999 wurden, Amnesty International zufolge, noch 100 000 bis 150 000 Personen im indonesischen West-Timor »praktisch wie Gefangene« festgehalten. Sie waren »in Notlagern untergebracht und lebten in beständiger Furcht unter der Aufsicht der Milizgruppen, die Ost-Timor zerstört hatten ... Sie wurden oftmals eingeschüchtert, belästigt, erpreßt und in einigen Fällen vergewaltigt und getötet«. Diese Lager sind »der einzige Ort auf der Welt, wo UNHCR-Mitarbeiter von Polizisten und Armeesoldaten eskortiert werden«. Wenn »Ost-Timoresen den Wunsch äußern, die Lager verlassen und in die Heimat zurückkehren zu können, ist ihr Leben in Gefahr«. Berichten zufolge sind etwa 500 Personen »wegen schlechter sanitärer Verhältnisse und mangelnder medizinischer Versorgung« gestorben, zumeist Kinder, die an Diarrhöe und Ruhr erkrankt waren. »Jeden Tag sterben viele an Malaria, Erkrankung der Atemwege und akuten Erkrankungen des Magen-Darm-Trakts«, sagt der im Lager tätige Arzt Arthur Howshen. »Es herrscht Nahrungsmangel, oft gibt es nicht genügend Reis, und viele Kinder leiden unter Mangelerscheinungen, weil sie nicht genügend Vitamin A erhalten.« Mit dem Beginn der Regenzeit Ende 1999 haben sich die Verhältnisse weiter verschlechtert. Der Staatssekretär im US-Außenministerium Harold Koh berichtete nach einem Besuch der Lager diesseits und jenseits der Grenze, daß die Flüchtlinge »hungern und terrorisiert werden« und daß täglich Menschen »auf unerklärte Weise verschwinden«. Ende Dezember sprach Amnesty International von mehr als 100 000 Flüchtlingen, während offizielle Stellen in West-Timor eine Zahl von 150 000 nannten. Ende Januar berichtete die australische Presse aus West-Timor, daß es dort immer noch über 150 000 Gefangene gebe.[8]

Auch diesen Verbrechen könnte Washington unschwer ein Ende bereiten.

Noch jetzt, im Januar 2000, so Damien Kingsbury vom Monash Asia Institute,

> »ist unbekannt, wie viele Personen in der Zeit vor und nach dem Referendum umgebracht worden sind. Immer noch werden Leichen entdeckt, bisweilen ganze Massengräber; noch mehr Opfer sind, so wird vermutet, in den von Haien wimmelnden Ozean geworfen worden, und von 80 000 Menschen fehlt bislang jedes Lebenszeichen. Gewiß sind viele aufgrund der Vertreibungen nicht auffindbar, doch kann sich eines Fröstelns nicht erwehren, wer sich über weitere Gründe für ihr Verschwinden Gedanken macht.«[9]

Die Gründe reichen weit über Indonesien hinaus bis nach Washington und London (und noch anderswohin).

Ost-Timor ist weitgehend zerstört, und nicht nur das Land:

> »Die Schwachen, die Alten und die Kinder sterben dort Tag für Tag an Krankheiten, denen leicht vorzubeugen wäre, wie etwa Magen-Darm-Katharren, die Erbrechen und Durchfall verursachen. Darüber hinaus sind sauberes Wasser, Fleisch oder Proteine jeglicher Art, Brennmaterial zum Kochen, moderne sanitäre Einrichtungen und intakte Behausungen selbst in der Hauptstadt Dili für die meisten Timoresen unerreichbarer Luxus. Auf ihrem Rückzug hat die indonesische Armee die Brunnen mit Chemikalien und Leichen vergiftet, die Wasser- und Telefonleitungen zerstört und alles andere gestohlen.«[10]

Der Balkankrieg führte auf dem Höhepunkt der NATO-Luftangriffe im Mai 1999 zur Anklage gegen Slobodan Milosevic und andere serbische Politiker und Militärs vor dem Kriegsverbrechertribunal. Diese Anklage wurde auf Initiative von Washington und London betrieben, die im übrigen einen bis dahin nicht gekannten Zugang zu geheimdienstlichen Informationen gewährleisteten. In Ost-Timor wurden entsprechende Untersuchungen zunächst einmal des langen und breiten erörtert, immer wieder hinausgezögert und an Jakartas Wünschen und Empfindlichkeiten ausgerichtet. »Es ist ein absoluter Hohn«, teilte eine Sprecherin von Amnesty International der britischen Presse mit. »Die Schuldigen werden reingewaschen, was die Ost-Timoresen noch stärker traumatisieren muß als die Greueltaten.« Den Indonesiern selbst die führende Rolle bei der Untersuchung der Verbrechen zuzugestehen, wäre »in diesem Stadium eine Beleidigung«. Daß die USA oder Großbritannien wichtige geheimdienstliche Informationen preisgeben werden, nehmen nur wenige an, und von den indonesischen Generälen heißt es, daß sie darauf vertrauen, von ihren alten Freunden nicht fallengelassen zu werden, und sei es nur, weil Washington und London fürchten, in die Sache hineingezogen zu werden. Mitte Januar 2000 hielten UNO-Beauftragte ein Tribunal für unwahrscheinlich. US-Botschafter Richard Holbrooke und andere »setzen ihre Hoffnungen auf ein Tribunal, das von Indonesien abgehalten werden sollte, dessen Militär Ost-Timor seit 1975 kontrollierte und dem Menschenrechtsgruppen die Verantwortung für die Greueltaten zuweisen«. Außerdem wurde behauptet, daß China und Rußland ein Tribunal ablehnten, wodurch sich der Westen in Serbien jedoch nicht beirren ließ.[11]

Am 31. Januar 2000 forderte die Internationale Untersuchungskommission der UNO für Ost-Timor ein internationales Menschenrechtstribunal unter UN-Schirmherrschaft, um die Frage der Veranwortlichkeit für die Verbrechen zu klären. Es solle den Auftrag haben, »diejenigen vor Gericht zu stellen und zu verurteilen, die von dem unabhängigen Untersuchungsgremium der seit Januar 1999 in Ost-Timor begangenen groben Verletzung fundamentaler Menschenrechte und einschlägiger internationaler Gesetze beschuldigt worden sind«. Es sei, so die Kommission weiter, »von grundlegender Bedeutung für die zukünftige soziale und politische Stabilität von Ost-Timor, daß die Wahrheit herausgefunden wird und die für die Verbrechen Verantwortlichen zur Rechenschaft gezogen werden. Es muß jede Anstrengung unternommen werden, um die Opfer angemessen zu entschädigen, weil nur so eine wirkliche Aussöhnung möglich ist.« Auch Bischof Belo schloß sich der Forderung nach einem internationalen Tribunal an. Er machte den Oberbefehlshaber der indonesischen Armee, General Wiranto, für die Massaker von 1999 verantwortlich.[12]

Am selben Tag verurteilte der Bericht einer indonesischen Untersuchungskommission »das indonesische Militär und seine Stellvertreter, die Milizen« wegen ihrer Greueltaten, die »nach dem Unabhängigkeitsvotum des Territoriums am 30. August« verübt worden waren. Genannt wurde auch der ehemalige General Wiranto.[13] Der indonesische Präsident Abdurrahman Wahid, der gerade am Weltwirtschaftsforum in Davos teilnahm, forderte Wiranto auf, von seinem Posten im Kabinett zurückzutreten und versprach, ihn zu begnadigen, falls er verurteilt würde. Die UN-Hochkommissarin für Menschenrechte, Mary Robinson, gab der Hoffnung Ausdruck, daß »die für die Greueltaten in Ost-Timor Verantwortlichen auch weiterhin zur Rechenschaft gezogen werden und nicht straffrei ausgehen«. Das ist jedoch, so der Korrespondent Dan Murphy, »nicht sehr wahrscheinlich«, denn »in den Vereinten Nationen gibt es wenig Unterstützung für ein Kriegsverbrechertribunal«. Und bei den Großmächten, was das Entscheidende ist, überhaupt nicht. Die Herausgeber der *Washington Post* sprechen aus, was die meisten denken: »Bevor ein Tribunal à la Bosnien ins Leben gerufen wird, sollte Indonesien die Gelegenheit erhalten, die Sache selbst in die Hand zu nehmen« – um die prominentesten Schuldigen begnadigen zu können, wie der indonesische Präsident sofort verkündete.[14]

Der australische UN-Korrespondent Mark Riley berichtete aus New York, daß die UNO »entschlossen ist, das Drängen ihrer eigenen Menschenrechtskommission auf ein Kriegsverbrechertribunal in Ost-Timor zu ignorieren. Statt dessen soll die Debatte über das Thema verschoben werden, bis Indonesien die Verbrechen untersucht hat. Die Entscheidung ist ein politischer Sieg für [die Regierung in] Jakarta, die für sich in Anspruch genommen hat, die Angelegenheit selbst zu untersuchen, da die dem Militär zur Last gelegten Greueltaten auf indonesischem Territorium begangen worden seien.« UN-Generalsekretär Kofi Annan »unterstützt in seinem Begleitbrief zu dem Bericht die Idee eines [internationalen] Tribunals nicht«, fügt Riley hinzu und schließt: »Somit war es wahrscheinlich, daß keine Entscheidung zugunsten eines Tribunals gefällt werden würde«, wie UN-Beamte betonten. Der »Vorschlag einer doppelten Repräsentation [gemeinsam mit Indonesien] ist eine bedeutsame Abweichung von den UN-Tribunalen, die in Ruanda und Bosnien abgehalten wurden«, kommentiert Riley, »und darauf abzielten, bei den Strafverfolgungen den Vorwurf der Parteilichkeit zu vermeiden«. Dieser Vorwurf spielt eine Rolle, wenn die Urheber der Verbrechen mit Unterstützung der USA, Großbritannien und weiterer Verbündeten begangen wurden, so daß die Untersuchung kontrolliert werden muß. Aber die Frage ist, da kein internationales Tribunal stattfindet, rhetorisch.

Auch die Vorsitzende der UN-Untersuchungskommission, Sonia Picado, war, wie Riley weiter berichtet, nicht besonders optimistisch, weil sie erkannte, »daß der UN-Sicherheitsrat wohl kaum die Einrichtung eines Kriegsverbrechertribunals unterstützen wird«. Doch müsse die UNO den Ost-Timoresen moralische und materielle Wiedergutmachung gewähren, wozu ein indonesisches Tribunal nicht in der Lage sei, vor allem deshalb nicht, weil die Menschen in Ost-Timor weiterhin Angst vor den indonesischen Behörden hätten und nur ungern nach Jakarta reisten, um dort vor Gericht auszusagen. »Wie sollten sie von den Militärgerichten Gerechtigkeit für Ost-Timor erwarten?« Picado empfahl eine Wahrheitskommission à la Südafrika, deren Mitglieder aus Ost-Timor, Indonesien und der UNO kommen sollten. Diese Kommission würde sich auf neutralem Territorium treffen und hätte das Recht, Verurteilungen oder Freisprüche zu erwirken.[15]

Der australische Asien-Korrespondent Lindsay Murdoch

berichtet, es gebe »große Zweifel daran, daß die Schuldigen zur Verantwortung gezogen werden. Indonesiens Rechtssystem ist von Korruption geprägt und hat sich bei der Verfolgung von Menschenrechtsverletzungen als nicht eben konsequent erwiesen.« Zwar sei Indonesiens Justizminister Marzuki Darusman »ein angesehener Vertreter der Menschenrechte«, aber »die Aufgabe, einige der mächtigsten Personen des Landes vor Gericht zu bringen, ist schwer oder gar nicht zu bewältigen«. Das zeigte sich schon an Präsident Wahids Rückzieher gegenüber General Wiranto. Dessen Begnadigung wäre, so Murdoch, »eine Tragödie«. Das sehen Washington und London offenbar anders.[16]

»Bei Menschenrechtsverletzungen darf es keine einäugige Rechtsprechung geben«, merkte Picado an. Genau das wird aller Voraussicht nach in Indonesien stattfinden, wenn es überhaupt Rechtsprechung geben sollte. Zudem ist wenig wahrscheinlich, daß die Schuldigen, insbesondere Großbritannien und die USA den Opfern jene »moralische und materielle Wiedergutmachung« zukommen lassen werden, die sie ihnen schuldig sind. Ihr bisheriges Verhalten den Flüchtlingen und Verfolgten gegenüber spricht eine andere Sprache. Die Verantwortlichkeit der Mächtigen und Privilegierten bleibt auch in der neuen Ära auf andere Dinge beschränkt.

In den Vereinigten Staaten fand die Forderung der UN-Kommission nach einem internationalen Tribunal nur geringen Widerhall und die entscheidenden Gesichtspunkte blieben nahezu unbeachtet. Dagegen wurde das indonesische Tribunal mit großer Aufmerksamkeit (und Unterstützung) bedacht und seine Zielrichtung im allgemeinen so verstanden, als sei sie auf die Periode nach dem Referendum beschränkt.[17] In gleicher Weise gehen nahezu alle Erörterungen davon aus, daß die Gewalt in Ost-Timor durch das Referendum vom 30. August hervorgerufen wurde.[18]

Die Beschränkung auf diesen Zeitraum ist wichtig für die Großmächte, die an den terroristischen Operationen der vorangegangenen Monate beteiligt waren, denn wenn man das Augenmerk nur auf die Tage nach dem 30. August richtet, kann man einigermaßen glaubwürdig argumentieren, daß die westlichen Staaten wenig Zeit hatten, auf die Greueltaten zu reagieren – eine Entschuldigung, die für die Monate und Jahre vor dem Referendum natürlich nicht gilt. Außerdem hat eine Gerichtsverhandlung in Jakarta den Vorteil, daß nur wenige Ost-Timoresen zur Aussage bereit sind und unerfreuliche Tatsachen, vor allem solche, die die Großmächte belasten könnten, unter der Decke bleiben. Allerdings wäre selbst bei einem internationalen Tribunal die Wahrscheinlichkeit, daß die westlichen Politiker zur Rechenschaft gezogen würden, äußerst gering. Wie schon das Kosovo-Tribunal zeigte, unterliegen auch solche Prozesse der Herrschaft der Gewalt, hinter der Gerechtigkeit, Menschenrechte oder die Frage nach der Verantwortung zurückstehen müssen.

Hinzu kommt, daß in Ost-Timor das Friedenskorps und die UN-Beauftragten »weder über die Mittel noch über die Autorität verfügen, um den für die Verbrechen Verantwortlichen auf die Spur zu kommen«, während im Kosovo »Menschenrechtskommissionen sofort mit der Arbeit begannen, als die NATO-Truppen die Kontrolle über das Gebiet gewonnen hatten«.[19] In Ost-Timor dagegen »verrotten die Beweise für die Verbrechen gegen die Menschlichkeit buchstäblich, weil keine Mittel für ihre Sicherung zur Verfügung stehen, und damit sinken auch die Chancen für eine strafrechtliche Verfolgung der Täter«. Die UN-Zivilpolizei findet zwar viele Leichen und Massengräber, doch fehlen ihr die Fachleute, um sie zu untersuchen. »Wir brauchen dringend forensische Experten«, meinte David Wimhurst, Sprecher der UNAMET, und fügte hinzu: »Im Kosovo waren sehr schnell Polizeiteams, forensische Wissenschaftler und Anwälte des Internationalen Kriegsverbrechertribunals in Den Haag zur Stelle, um die Massengräber zu untersuchen. In Ost-Timor müssen ein paar überforderte Polizisten die Leichen exhumieren und, so gut es geht, Beweismaterial sammeln.«[20]

Die Verzögerungen garantierten, daß wenig Verwertbares gefunden werden würde, woran sich auch nichts geändert hätte, wenn zu guter Letzt doch noch Experten in größerer Zahl nach Ost-Timor geschickt worden wären. Viele Beweise wurden von der TNI vernichtet, viele Leichen von der einheimischen Bevölkerung begraben, viele Tote würden bald fortgespült oder von wilden Tieren gefressen werden. So berichtete es der australische Arzt Andrew McNaughtan, der sieben Jahre in Ost-Timor gearbeitet hatte. Isabel Ferreira, Koordinatorin der Menschenrechtskommission in Dili, fügte hinzu: »Wenn die Regenzeit beginnt, werden die Leichen in die Flüsse gespült. Dann lassen sich kaum noch verwertbare Beweismaterialien finden.« Und genau darum geht es natürlich. Die INTERFET verfügte über zehn Ermittler, die jedoch nicht die notwendigen Kenntnisse besaßen. Ein Leichenschauhaus gab es ebenfalls nicht. Im November wiesen forensische Pathologen aus Australien darauf hin, daß die tropische Hitze und die bevorstehende Regenzeit die meisten Beweismaterialien vernichten würde. Ende November forderte der UN-Administrator Sergio Vieira de Mello erneute forensische Experten an, wiederum vergeblich. Einen Monat später hieß es dann, sie sollten im Januar nach Ost-Timor kommen – vier Monate nach der Ankunft der INTERFET und zu einer Zeit, da es längst unwahrscheinlich geworden war, die Ereignisse wahrheitsgemäß zu rekonstruieren.[21]

Die Unterschiede zum Vorgehen im Kosovo sind einfach zu erklären. Dort benötigte man auch deshalb ganz dringend ein internationales Tribunal, um zu zeigen, »daß die 78 Tage währenden Bombenangriffe gegen Serbien notwendig waren, weil die Verbrechen ein solches Ausmaß erreicht hatten«, die allerdings erst – und dies absehbarerweise – im Gefolge der Bombardements begangen wurden, für die sie dann im nachhinein als Rechtfertigungsgrund herhalten mußten.[22] Zu diesen bezwingend logischen Gründen kam noch die Tatsache, daß die Kosovo-Verbrechen einem offiziellen Feind zugeschrieben werden konnten, während in Ost-Timor die Verbrecher von Anfang an von den USA und ihren Verbündeten bewaffnet, ausgebildet und in jeder Hinsicht unterstützt worden waren. Es empfiehlt sich also, möglichst wenig ans Tageslicht gelangen zu lassen, um zu verhindern, daß vernünftige Schlüsse gezogen werden.

Bevorzugt wurden, je nach Lage der Dinge, andere Folgerungen. Während der späten siebziger Jahre, als die gewaltsame Unterdrückung am schlimmsten wütete, herrschte Stillschweigen, das hin und wieder durch die Übermittlung von Lügen seitens des US-Außenministeriums und indonesischer Generäle unterbrochen wurde. Als die schrecklichen Tatsachen allmählich publik wurden, gab man Indonesien die Schuld; es sei, so der Südostasien-Korrespondent der *New York Times*, Henry Kamm, »ein für Südostasien typischer Krieg von nahezu grenzenloser Grausamkeit, in dem beide Seiten ein überwiegend unpolitisches Volk hin- und herzerrten, um es nicht dem ›Feind‹ zu überlassen«. Von der Schuld der USA war keine Rede, und europäische Kriege kennen keine Grausamkeit. Einige Kommentatoren, wie der Asienspezialist Stanley Karnow und der Auslandskorrespondent Richard Valeriani, kritisierten schon diese Aufmerksamkeit für Ost-Timor als übertrieben und irritierend. Schließlich steht dort nichts Wichtiges auf dem Spiel, denn Washington hat ja nur »ein indonesisches Militär bewaffnet und ausgebildet, das für die umfassendsten Massentötungen seit dem Zweiten

Weltkrieg verantwortlich ist«, wie eine führende australische Fachzeitschrift für Asien bemerkt. Später, als das ganze Ausmaß der Verbrechen zu Tage trat, räumte man ein, daß die USA »ihre Augen von Ost-Timor abgewandt« und »nicht genug getan« habe, »um sich von dem Gemetzel zu distanzieren« (James Fallows) – d. h., von dem Gemetzel, das die Vereinigten Staaten mit Enthusiasmus und Entschlossenheit betrieben. Wie im Falle der Kurden »duldeten« die USA die Greueltaten und »versäumten« es, die Opfer zu schützen.[23]

Mittlerweile wird die Auffassung lanciert, daß »die Investitionen des Pentagon in Indonesien sich nicht rentiert haben« und »Amerikas Bemühungen, durch die Ausbildung von Offizieren an Einfluß zu gewinnen, fehlgeschlagen sind, wie die Gewalt in Ost-Timor zeigt«. »Seit Jahren steckt das Pentagon Millionen Dollar in die Ausbildung von aufstrebenden Offizieren in ausländischen Armeen – inklusive der indonesischen –, wobei es nicht nur um das militärische Training, sondern auch um die Vermittlung amerikanischer Werte und Einflußnahme geht.«[24] In Indonesien wird diese Indoktrination seit fünfunddreißig Jahren betrieben und hat dort wie auch anderswo zu brutalem und dauerhaftem Staatsterror geführt, der mit den vom Lehrmeister aus gegebenem Anlaß selbst befolgten Doktrinen übereinstimmt. Merkwürdigerweise führt all dies nicht dazu, den Inhalt dieser »amerikanischen Werte« zu hinterfragen, und es scheint auch nicht zu interessieren, daß hochrangige Planungsstrategen höchst beeindruckt waren, wie sehr sich »die Investitionen des Pentagon rentiert« haben, vor allem nach dem durchschlagenden Erfolg des Militärs im Jahr 1965.[25]

Während TNI-Truppen und ihre paramilitärischen Ableger im September 1999 die Stadt Dili niederbrannten, verkündete das Pentagon: »Am 25. August ist eine auf humanitäre Hilfe und Katastrophenschutz konzentrierte Militärübung indonesischer und US-amerikanischer Einheiten zu Ende gegangen.« Das war fünf Tage vor dem Referendum.[26] Die dabei geübten Lektionen wurden offenbar schnell in die Tat umgesetzt. Man muß schon blind sein, um hier nicht ein seit Jahren vertrautes Muster wiederzuerkennen.

Ein düsteres Beispiel war der Militärcoup, mit dem General Suharto 1965 an die Macht gelangte. In wenigen Monaten ermordete die Armee Hunderttausende von Indonesiern, zumeist Bauern ohne Landbesitz, um die Massenbasis der kommunistischen Partei zu zerstören. Der CIA sprach von »einem der schlimmsten Massenmorde des zwanzigsten Jahrhunderts, gleichzusetzen mit den sowjetischen Säuberungen der dreißiger Jahre, den Morden der Nazis im Zweiten Weltkrieg und dem maoistischen Blutbad der frühen fünfziger Jahre«.[27]

Die indonesischen Massaker wurden im Westen mit ungezügelter Euphorie und Lobtiraden auf den »gemäßigten« Suharto und seine Komplizen begrüßt. Beifall erhielten auch die USA, die an den großen Ereignissen mitgewirkt hatten, ohne ihre Rolle hervorzuheben, um die gemäßigten Kräfte nicht in Verlegenheit zu bringen. James Reston, angesehener Kommentator der *New York Times*, widmete sich unter der Überschrift »Ein Lichtstrahl in Asien« höchst erfreut der »brutalen Umwandlung Indonesiens« und berichtete – wahrscheinlich anhand von Informationen, die aus höchster Quelle durchgesickert waren –, daß »Washington sorgfältig darum bemüht ist, für diesen Wandel keine Lorbeeren zu ernten«, obwohl »bezweifelt werden muß, daß der Coup ohne die Demonstration amerikanischer Stärke in Vietnam und ohne die geheime Hilfe, die von hier kam, erfolgreich hätte durchgeführt werden können«.

Verteidigungsminister McNamara sagte vor dem Kongreß, daß die Militärhilfe der USA sich »ganz enorm ausgezahlt« habe – was in Anbetracht einer halben Million Leichen nicht zu leugnen ist. Präsident Johnson gegenüber äußerte McNamara, die Militärhilfe habe die Armee »ermutigt, gegen die PKI vorzugehen, als die Gelegenheit dafür günstig war«. Kontake zu indonesischen Offizieren und Studienprogrammen waren »wichtige Faktoren, um die vorteilhafte Orientierung der neuen politischen Elite Indochinas«, also der Armee, zu »beeinflussen«. Die USA hatte (heißt es in einer australischen Publikation) »4000 indonesische Offiziere trainiert – die Hälfte des gesamten Offizierskorps, darunter ein Drittel des Generalstabs«.[28]

Bis auf wenige Ausnahmen ist die Reaktion auf das Gemetzel aus der Geschichte getilgt worden. Jahre später kam McGeorge Bundy, Sicherheitsberater von Kennedy und Johnson, zu der Erkenntnis, daß »unsere Bemühungen« in Vietnam eigentlich schon nach dem Oktober 1965 hätten enden können, als »eine neue antikommunistische Regierung in Indonesien die Macht übernahm und die Kommunistische Partei vernichtete«. Da Indonesien nun vor der Ansteckung gefeit war, sei es, so McGeorge Bundy, denn doch etwas »exzessiv« gewesen, Indochina weiterhin auf für uns so kostenträchtige Weise zu demolieren. Er sah also deutlich, welche Motive dem Angriff gegen Südvietnam und später gegen ganz Indochina zugrundelagen und erkannte auch, warum die USA den Krieg zumindest teilweise gewinnen konnten. In seinen Memoiren bemerkt der ehemalige Verteidigungsminister Robert McNamara voller Bewunderung, daß Indonesien nach der Ermordung von »300 000 oder mehr Mitgliedern der PKI« den »Kurs revidiert« hatte »und nun in den Händen unabhängiger Nationalisten unter der Führung von Suharto lag«. Er beschreibt seine Enttäuschung über die irrationale Weigerung des vietnamesischen Feindes, sein Angebot einer vertraglich fixierten Einigung auf das Modell des »unabhängigen Nationalismus« à la Indonesien anzunehmen, wobei die

Vietnamesen in einem »unabhängigen, nicht-kommunistischen Südvietnam« ihre Waffen niederlegen würden, während die südvietnamesische Widerstandsbewegung – dem Indochina-Experten der US-Regierung Douglas Pike zufolge, »die einzige politische Partei in Südvietnam mit einer echten Massenbasis« – mit jener Freundlichkeit behandelt werden könnte, die der einzigen politischen Partei mit Massenbasis in Indonesien von den »gemäßigten unabhängigen Nationalisten« bereits zuteil geworden war.[29]

Die USA sind eine Globalmacht, deren Politik in sich konsistent ist. Zur gleichen Zeit wie in Indonesien wurden mit ihrer Hilfe auch in anderen Staaten mörderische Militärs an die Macht gebracht, denn es sei, so erklärte McNamara gegenüber McGeorge Bundy, die Aufgabe der Armee, Zivilisten aus führenden politischen Ämtern zu entfernen, »sofern das Militär der Ansicht ist, das Verhalten dieser Personen schade dem Wohl der Nation«. Das sei vor allem im »kulturellen Klima Lateinamerikas« notwendig und könne auch angemessen in die Tat umgesetzt werden, weil die Lagebeurteilung durch das Militär dank der Unterstützung seitens der Regierung Kennedy nunmehr auf dem »Verständnis für US-amerikanische Zielsetzungen« beruhe und »an ihnen orientiert sei«.[30]

Dergestalt genoß Indonesien drei Jahrzehnte lang Waffenlieferungen und militärische Ausbildung und freundliche Zusammenarbeit mit dem Massenmörder und Folterknecht Suharto, der, so der Londoner *Economist*, einen »eher milden Charakter« besitze und sich nur von Propagandisten der Guerillas in Ost-Timor und West-Papua (Irian Jaya), die »der Armee Gewalttaten und Folterungen vorwerfen«, unfaire Beschuldigungen gefallen lassen müsse. Bei diesen Propagandisten handelte es sich um die großen internationalen Menschenrechtsorganisationen, die Kirche in Ost-Timor und andere, denen es nicht gelang, die Vorzüge »unseres Typs« zu bemerken. »Unser Typ« war Suharto noch im Oktober 1995 für die Regierung Clinton, als sie ihn in Washington empfing. Sein Schwiegersohn, General Prabowo – »Leiter der paramilitärischen Todesschwadronen und verantwortlich für massenhafte Tötungen und Vergewaltigungen«, der schließlich nach Suhartos Sturz in die Wüste geschickt wurde –, war sogar »ein ›aufgeklärter‹ Militärführer, der es verdient hatte, daß seine Forderungen von den britischen Politikern höflich und umstandslos erfüllt würden«, meinte der britische Verteidigungsminister George Robertson, der »Befreier unterdrückter Muslime im Kosovo«.[31]

Die direkte Unterstützung der indonesischen Besatzungstruppen in Ost-Timor wurde schwieriger, als sie 1991 in Dili mehrere hundert Personen niedergemetzelt hatten, was nicht geleugnet oder verschwiegen werden konnte, weil der Journalist Max Stahl die Vorgänge heimlich gefilmt hatte. Die Bilder wurden im britischen und amerikanischen Fernsehen gezeigt. Außerdem konnten zwei US-Journalisten, Alan Nairn und Amy Goodman, die brutal zusammengeschlagen worden waren, Augenzeugenberichte liefern. Daraufhin verfügte der Kongreß einen Lieferstopp für kleinere Waffen und strich die Gelder für die Ausbildungsprogramme. Die Regierung Clinton mußte also, wie auch schon zur gleichen Zeit in der Türkei, diese Beschränkungen mit einigen Tricks umgehen. Das US-Außenministerium feierte den Jahrestag der indonesischen Invasion auf seine Art, indem es entschied, daß »das Vorgehen des Kongresses Indonesien nicht verbietet, die Ausbildung mit eigenen Mitteln zu finanzieren«. Somit können die entsprechenden Programme fortgesetzt werden, die Washington vielleicht aus einer anderen Tasche bezahlt. Die Presse nahm davon kaum Notiz, wohl aber der Kongreß, der »empört« reagierte und erneut bekundete, daß »er die Absicht hatte und weiterhin habe, die militärische Ausbildung für Indonesien zu verbieten«, wie der Haushaltsausschuß feststellte: »Wir wollen nicht, daß Angestellte der US-Regierung Indonesier ausbilden«, bemerkte ein Ausschußmitglied mit Nachdruck. An der Praxis änderte das jedoch nichts.[32]

Seit der Invasion 1975 sind an Indonesien, mit Zustimmung der Regierung, Waffen im Wert von über einer Milliarde Dollar verkauft worden, davon entfallen 150 Millionen auf die Amtszeit der Regierung Clinton. Während des Haushaltsjahrs 1997/98 stieg der Umfang der von der Regierung genehmigten Waffenlieferungen von 3,3 auf 16,3 Millionen Dollar.[33] 1977–78, auf dem Höhepunkt der Greueltaten, belieferten neben den USA auch Großbritannien, Frankreich und andere Staaten die Mörder mit Waffen und gewährten ihnen diplomatische Protektion.

Britische Kampfjets vom Typ »Hawk« haben sich im Kampf gegen die Zivilbevölkerung als besonders effektiv erwiesen. Die Labour-Regierung von Tony Blair lieferte, unter Verwendung öffentlicher Gelder, noch bis zum 23. September 1999 solche Flugzeuge an Indonesien. Zwei Wochen zuvor hatte die Europäische Union ein Embargo verhängt, und am 20. September war die INTERFET in Ost-Timor gelandet. Zudem war längst bekannt, daß diese Jets nicht nur zur Einschüchterung der Bevölkerung in der Phase vor dem Referendum, sondern auch auf dem Luftwaffenstützpunkt von Kupang in West-Timor eingesetzt worden waren, um dort »das Eindringen ausländischer Flugzeuge in den östlichen Teil von Indonesien, insbesondere Ost-Timor, zu verhindern«. Unter Blairs »New Labour« wurde Großbritannien, trotz entschiedener Proteste – Amnesty International, indonesische Regimekritiker, verfolgte Timoresen – zum führenden Lieferanten von Waffen an Indonesien. Minister Robin Cook, Urheber der neuen »ethischen Außenpolitik«, erklärte, die Regierung sei »der Aufrechterhaltung einer starken Verteidigungspolitik verpflichtet, die strategischer Bestandteil unserer industriellen Grundlage ist«. Das gilt natürlich auch für die USA und andere Staaten. Aus eben diesen Gründen gab Tony Blair später »das Startsignal für den Verkauf von Ersatzteilen für Hawk-Kampfflugzeuge an Zimbabwe, die in einem afrikanischen Bürgerkrieg eingesetzt wurden, der Zehntausende das Leben kostete«.[34]

Vielleicht zieht die »neue Generation« die Grenzen auf ethischem Terrain ein bißchen enger als ihre konservativen Vorgänger, deren Haltung in den Worten des damaligen Verteidigungsministers und Thatcher-Anhängers Alan Clark ihren Ausdruck fand: »Ich bin meinem Volk gegenüber verantwortlich. Ich kümmere mich nicht groß darum, was die Leute in fremden Ländern einander antun.«[35] Insgesamt aber sind die Taten der Regierung Blair wenig überraschende Beispiele für den neuen Humanismus einer großartigen neuen Ära der Weltpolitik, in der die USA, die »jetzt auf der Höhe ihres Ruhms«[36] stehen, mit ihrem britsichen Partner die Führung übernommen haben.

1997 bildete das Pentagon immer noch indonesische Militärkräfte aus. Diese Programme wurden bis ins folgende Jahr unter dem Decknamen »Eisernes Gleichgewicht« (Iron Balance) fortgeführt und, weil sie den vom Kongreß auferlegten Beschränkungen klar zuwiderliefen, »vor dem Gesetzgeber und der Öffentlichkeit geheimgehalten«. Dokumenten des Pentagon zufolge »gehörte zu den Einheiten, die weiterhin ausgebildet wurden, auch ›Kopassus‹, eine Elitetruppe mit einer blutigen Geschichte. Sie erhielt das härteste Training von allen«. Die Ausbildung konzentrierte sich auf »militärische Theorie und Praxis, die ausschließlich im Kampf gegen die Zivilbevölkerung Verwendung finden konnte: Kriegführung gegen die Guerilla, Überwachung, geheimdienstliche Aktivitäten, Scharfschützentraining und ›psychologische Operationen‹«.

Zu den entsprechend geschulten Führungsoffizieren gehörten auch solche, die an den Massakern von Krasas (1983) und Dili (1991) und an dem erneuten Gewaltausbruch von 1999 beteiligt waren. »Loyale« Timoresen wurden ebenfalls ausgebildet. Großbritannien führte ähnliche Programme durch.[37]

In den Jahren 1997 und insbesondere 1998 »wurde Ost-Timor von den Elitetruppen der Armee als Übungsgelände benutzt«. Diese Truppen kontrollierten wiederum »paramilitärische Einheiten«, wie aus Armeedokumenten hervorgeht, die im August 1998 an die Öffentlichkeit gelangten. Doch schon zuvor hatten australische Entwicklungshelfer ihre Regierung über den »besorgniserregenden Aufbau einer [von der TNI] unterstützten Miliz« unterrichtet.[38]

Im November 1998 kamen, verkleidet und im Schutze der ersten regulären TNI-Einheiten, Kopassus-Truppen in einer ost-timoresischen Hafenstadt an. Sie wurden zum Kern der paramilitärischen Gruppen, die mit der Operation »Großes Aufräumen« (Clean Sweep) ab Februar 1999 »ganz einfach das Ziel verfolgten ... eine Nation zu vernichten«. Als Militärberater war General Makarim eingesetzt worden, ein von den USA ausgebildeter Geheimdienstspezialist, der Ost-Timor kannte und den »Ruf rücksichtsloser Gewalttätigkeit« besaß. Er stellte auch die Verbindung zur US-Beobachtermission her. Schon ab November 1998 wurden »Hunderte von Zivilisten getötet, Hunderte verschwanden und Tausende wurden aus ihren Häusern und Dörfern vertrieben«, berichtete der Leiter der australischen Entwicklungshilfe Lansell Taudevin. Im Januar nahmen die Gewalttaten zu, die in steigendem Maße den paramilitärischen Einheiten zur Last gelegt wurden. Die Pläne und ihre Durchführung waren westlichen Geheimdiensten mit Sicherheit bekannt. Quellen gab es genug, wie etwa den Abhörstützpunkt (Defence Signals Directorate) in Nordaustralien.[39]

Ohne jeden Zweifel wurden die Greueltaten ab Januar 1999 von Kopassus-Einheiten organisiert, geleitet und bisweilen auch durchgeführt. Sie sind, wie Benedict Anderson bemerkt, »für ihre Grausamkeit berüchtigt«. In Ost-Timor wandten sie, so der erfahrene Asien-Korrespondent David Jenkins, die Taktik an, die von den USA schon in Südvietnam unter dem Namen Phönix-Programm eingesetzt wurde und viele tausend Bauern sowie Angehörige der südvietnamesischen Führungsschicht das Leben kostete. Aber auch die Vorgehensweise der Contras in Nicaragua, die diese von ihren CIA-Lehrmeistern übernommen hatten, war den Kopassus-Militärs vertraut. Sie hatten es nicht einfach »auf die radikalsten Befürworter der Unabhängigkeit abgesehen, sondern auf die Gemäßigten, die Leute, die in ihren Gemeinden Einfluß besitzen«. Das Ziel sei es, so ließ eine Quelle in Jakarta verlauten, »jeden zu terrorisieren« – die NGOs, das Rote Kreuz, die UN-Mitarbeiter, die Journalisten.[40]

Im April/Mai 1999 räumte die australische Regierung endlich »ganz formell [ein], daß das indonesische Militär die treibende Kraft hinter den paramilitärischen Aktivitäten war«.[41] Des Ball, einer der führenden australischen Spezialisten für geheimdienstliche Tätigkeit, berichtet, daß die mittlerweile aus vielen Quellen stammenden Informationen »außerordentlich präzise Beweise für bestimmte Beziehungen zwischen der indonesischen Armee und einzelnen paramilitärischen Einheiten und Anführern, aber auch für die direkte Verstrickung von Wiranto in die Bewaffnung und Unterstützung der Milizen lieferten«. Am 20. April berichtete der australische Geheimdienst, daß »indonesische Offiziere pro-indonesische Milizeinheiten in Ost-Timor aktiv unterstützen«. Auch darin war General Wiranto verwickelt. Zugleich warnten indonesische Armee und Milizkommandeure die Bevölkerung vor weiteren Unabhängigkeitsbestrebungen, weil sie anderenfalls »die gesamte CNRT [die ost-timoresische Unabhängigkeitsbewegung] und alle Leute, die für die Unabhängigkeit eintreten, Eltern, Söhne, Töchter, Enkel, liquidieren« würden. So jedenfalls lautete die Anweisung des für die Region zuständigen Kommandeurs Adam Damiri. Als die Beobachter der UNO einen Monat später eintrafen, »fiel ihnen genug Beweismaterial für die Verschwörung zwischen Militär und Miliz in die Hände«.[42]

Im Westen sind die TNI-Truppen, die im Februar so gewaltsam vorgingen, als »kriminelle Elemente« bezeichnet worden. Sehr wahrscheinlich sind jedoch Bischof Belo und andere im Recht, die dem TNI-Befehlshaber Wiranto in Jakarta die Verantwortlichkeit für die Massaker vor und nach dem Referendum zuweisen.[43]

Glaubhaften Aussagen der Kirche zufolge wurden zwischen Februar und Juli 3000 bis 5000 Timoresen umgebracht.[44] Der Terror erfaßte die gesamte Region und sollte als Warnung an all diejenigen in Ost-Timor (und nicht nur dort) aufgefaßt werden, die es wagten, sich den Anweisungen der Armee zu widersetzen.

In Australien gab es über die Ereignisse eine umfangreiche Berichterstattung, die zu Protesten und der Forderung führten, etwas gegen die Greueltaten zu unternehmen. Auch in den USA, wo die Informationen sehr viel spärlicher flossen,[45] regte sich Widerstand. Am 22. Juni und dann noch einmal acht Tage später unterstützte der Senat einstimmig eine Ergänzung zu einem Ermächtigungsgesetz des Außenministeriums, in der die Regierung Clinton aufgefordert wurde, »verstärkt auf die indonesische Regierung einzuwirken«, damit sie dem Treiben der Milizen ein Ende setze. Am 8. Juli wiederholte James Foley, Sprecher des Außenministeriums, als Antwort auf eine Anfrage zur Abstimmung im Senat, vor der Presse die offizielle Haltung, daß »das indonesische Militär die Verantwortung hat, diese Milizen unter Kontrolle zu bringen«.[46] Eine computergestützte Recherche ergab, daß in den USA darüber nicht berichtet wurde.

Schon einige Zeit vor dem Referendum hatte Hauptmann Tono Suratman, Befehlshaber der indonesischen Truppen in Dili, die Bevölkerung gewarnt: »Wenn die Befürworter der Unabhängigkeit gewinnen ... wird alles zerstört werden ... Es wird schlimmer sein als vor dreiundzwanzig Jahren.« Am 24. Juli traf sich Suratman, so der australische Geheimdienstoffizier Wayne Sievers in einem Bericht vom 6. August, mit einem Polizeikommandeur und Anführern der Milizen im Hauptquartier, wo man »in der Voraussicht, daß die Befürworter des Status quo die Wahlen aller Wahrscheinlichkeit nach nicht gewinnen würden ... die grundlegenden Entscheidungen traf«. Sievers wurde danach beschuldigt, das Parlamentskomitee für Außen-, Verteidigungs- und Handelspolitik über die geheimen Berichte, die er der UNO übermittelte, informiert zu haben. In diesen Berichten weist er bereits auf die nach dem Referendum zu erwartenden Gewalttaten hin und identifiziert Milizführer als indonesische Geheimdienstoffiziere. All dies hätte die australische Regierung über ihre UN-Botschaft in Erfahrung bringen können. Als am 5. Mai das zwischen der UNO, Indonesien und Portugal ausgehandelte Abkommen über das Referendum unterzeichnet wurde, sah ein TNI-Dokument die »systematische Durchführung von Massakern vor, falls die Befürworter der Unabhängigkeit die Abstimmung gewinnen«. Die Unabhängigkeitsbewegung solle »mit Stumpf und Stiel ausgerottet werden«.[47]

Im Oktober 1999 wurden in Dili Unterlagen entdeckt, die »beweisen, daß das Referendum schon Monate vor seiner Durchführung von den obersten Generälen des indonesischen Militärs systematisch unterminiert wurde«. Zudem gab es Pläne für die »Zwangsdeportation Hunderttausender von

Ost-Timoresen«. Ein westlicher Diplomat sieht in den Dokumenten den ausschlaggebenden Beweis »für eine von ganz oben bis nach ganz unten durchgehende Kommandostruktur«. Außerdem war er von der »ungeheuren Menge« der Waffen überrascht, die den Milizen und anderen Gegnern der Unabhängigkeit zur Verfügung standen. Nach der Unterzeichnung des Abkommens über das Referendum ordnete General Subagyo in einem Brief an Hauptmann Suratman, der als Kopie auch anderen ranghohen Militärs zuging, Vorbereitungen an für »einen Sicherheitsplan zur Verhinderung eines Bürgerkriegs. Dazu gehören präventive Maßnahmen (Bedingungen dafür sind zu schaffen), polizeiliche Vorkehrungen, Unterdrückungs-/Zwangsmaßnahmen und ein Plan für den Rückzug/die Evakuierung, wenn die zweite Option [Unabhängigkeit] sich durchsetzt«. Im Juli entwarf der zum Regionalkommando Dili gehörende Hauptmann Soedjarwo einen Schlachtplan gegen die so genannten »feindlichen Streitkräfte«, zu denen er »nicht nur die Guerillas der Unabhängigkeitsbewegung, Falintil, sondern auch Zivilpersonen unter Einschluß von unbewaffneten Studentengruppen und politischen Organisationen« rechnet. Im August legte das Polizeikommando von Dili einen detaillierten Plan »zur Evakuierung Hunderttausender von Ost-Timoresen« vor. Die Pläne wurden schon bald in die Tat umgesetzt, und es müßte überraschen, wenn sie den westlichen Geheimdiensten nicht zumindest in ihren Umrissen bekannt gewesen wären.[48]

Unter Berufung auf diplomatische, kirchliche und paramilitärische Quellen berichtete die australische Presse im Juli, daß »hunderte von modernen Sturmgewehren, Granaten und Mörsern auf ihren Einsatz warten, falls das [von Indonesien vorgeschlagene] Autonomiebegehren keine Mehrheit findet«. Die Milizen, so hieß es, könnten die gewaltsame Übernahme großer Teile des Territoriums planen, wenn die Bevölkerung trotz des Terrors ihren Willen durchsetzen würde. Wie aus offiziellen Quellen durchsickerte, war Australien mit der »‹insgesamt großzügigen‹ Einschätzung der Verbindungen zwischen Armee und Milizen durch das Pentagon höchst unzufrieden«.[49] Den indonesischen Generälen fiel es nicht schwer, die ausweichenden und uneindeutigen Reaktionen ihrer traditionellen Freunde und Unterstützer als »grünes Licht« für ihre Vorhaben zu werten.

Auf vergleichbare Vorhaben Serbiens reagierte der aufgeklärte Westen ganz anders. Während die indonesischen Pläne längst bekannt waren, aber unbeachtet blieben, »entdeckte« man im Falle Serbiens die Pläne zwei Wochen nach Beginn der Bombardierungen, wobei, wie gesagt, die »Operation Hufeisen« höchstwahrscheinlich gefälscht war, auch wenn Serbien zweifellos vorhatte, ethnische ›Säuberungen‹ durchzuführen. Für die Vorgänge in Ost-Timor ist die »neue Generation« verantwortlich, während die Ereignisse im Kosovo einem offiziellen Feind als Legitimierung der Luftangriffe zur Last gelegt werden konnten.

Der Terror in Ost-Timor eskalierte im April 1999. Dazu gehörten Massaker wie das von Liquica, wo sechzig oder mehr Menschen in einer Kirche ermordet wurden, in der sie Zuflucht gesucht hatten. Westliche Ermittler gehen von einer erheblich größeren Anzahl Toter – mehr als zweihundert – aus. Ein US-amerikanischer Polizeioffizier bemerkt: »Offiziell können wir nur angeben, wieviel Leichen wir geborgen haben, aber die Gesamtzahl der in diesem Distrikt Getöteten liegt sehr viel höher, ist möglicherweise astronomisch.« In diesem wie in anderen Fällen wird die Wahrheit nie ans Tageslicht kommen, weil der Westen gründliche Untersuchungen nicht zuließ.[50]

Einige Tage nach dem Massaker von Liquica traf Admiral Dennis Blair, der Oberkommandierende der Pazifikflotte, mit General Wiranto zusammen. Er sicherte ihm die weitere Unterstützung seitens der USA zu und versprach die Durchführung neuer Ausbildungsprogramme. Solche Kontakte gab es häufiger.[51] Im übrigen lobt Washington »den Wert der jahrelangen Ausbildung, die Indonesiens zukünftige Militärführer in den Vereinigten Staaten erhalten haben, sowie der Millionen Dollar, die in die Militärhilfe gesteckt wurden«. Indes wird hier und da bezweifelt, daß die Programme den indonesischen Militärs tatsächlich erfolgreich »amerikanische Werte« vermitteln konnten.[52]

Bisweilen werden die Gründe für dieses schändliche Verhalten gegenüber Ost-Timor ganz offen und ehrlich benannt. Während der letzten Phase der Gewalttaten brachte ein Diplomat in Jakarta »das Dilemma« der Großmächte auf den Punkt: »Indonesien ist wichtig, Ost-Timor nicht.«[53] Insofern ist es verständlich, daß Washington zwar leichtes Mißfallen signalisierte, im übrigen aber darauf bestand, daß für die innere Sicherheit von Ost-Timor »die indonesische Regierung verantwortlich ist, und wir ihr diese Verantwortung nicht abnehmen wollen«. Das war die offizielle Haltung vor und noch nach dem Referendum, und diese Haltung liegt auch der Auffassung zugrunde, daß für die weitere Untersuchung der Verbrechen kein internationales Tribunal, sondern Indonesien selbst zuständig ist.[54]

Was der Diplomat in wenigen Worten sagte, wurde von zwei Asienexperten der *New York Times* ausgeführt: Die Regierung Clinton »hat sich ausgerechnet, daß die Beziehungen zu Indonesien, einer Nation, die reich an Bodenschätzen ist und 200 Millionen Einwohner zählt, wichtiger sind als das politische Schicksal von Ost-Timor, einem kleinen, verarmten Landstrich mit 800 000 Einwohnern, der unabhängig werden will«. Und die *Washington Post* zitierte Douglas Paal, den Präsidenten des Asia Pacific Policy Center: »Timor ist ein

Hemmschuh auf dem Weg nach Jakarta, den wir loswerden müssen. Indonesien ist so groß und äußerst wichtig für die Stabilität der Region.«[55]

»Stabilität« ist schon seit langem ein Kodewort, mit dem Robert McNamara die »günstige Orientierung der politischen Elite« eines Landes umschrieb – günstig nicht für die jeweils eigene Bevölkerung, sondern für ausländische Investoren und global operierende Manager.[56]

Offiziell behauptete Washington noch nach dem Referendum: »In Ost-Timor haben wir keine Optionen laufen.« Folglich geht uns das, was dort geschieht, nichts an. Aber als Australien beträchtlichen Druck ausübte, waren auf einmal andere Töne zu hören: »Wir haben dort eine ziemlich große Option namens Australien laufen, die wir wahrnehmen müssen«, faßte ein hoher Regierungsbeamter zusammen.[57] Die Überlebenden der von den USA unterstützten Verbrechen in einem »kleinen, verarmten Landstrich« stellen dagegen überhaupt keine Option dar.

Der erfahrene australische Diplomat Richard Butler kommentierte Washingtons Haltung mit folgenden Worten: »Hochrangige amerikanische Beobachter haben mir mit aller Deutlichkeit die wesentliche Beschaffenheit des Bündnisses [zwischen Australien und den USA] vor Augen gestellt: Die USA reagieren je nach ihrer eigenen Interessenlage und aufgrund der Einschätzung der Bedrohung ...« Damit wollte er nicht Washington, sondern seine Landsleute kritisieren, die nicht begriffen haben, daß auch in der neuen Ära der Aufklärung und edler Prinzipien andere die Last zu tragen und die Kosten zu zahlen haben, sofern sie nicht bestimmten Machtinteressen dienlich sind.[58]

Das alles ist nicht neu. Schon vor zwanzig Jahren berichtete der Korrespondent Daniel Southerland, daß »die Regierung Carter, als sie, wie vor ihr schon die Regierung Ford, [in bezug auf Ost-Timor] Indonesien das Feld überließ, ganz offenkundig Großmachtinteressen über die Menschenrechte stellte«. Southerland bezog sich damit vor allem auf die entscheidende Rolle des jetzigen UN-Botschafters Richard Holbrooke, der für die Umsetzung von Carters Politik der Unterstützung indonesischer Gewalttaten direkt verantwortlich war, sich für deren Folgen – damals an die 200 000 Opfer – aber so wenig interessierte, daß er nicht einmal die Zeit fand, vor dem Kongreß Fragen zu Ost-Timor zu beantworten, obwohl er, so Southerland, »noch am selben Tag Zeit genug hatte, bei einem Dinner mit Smokingzwang den Gastgeber zu spielen«.[59]

Das aber ist längst in Vergessenheit geraten, und so wird von Holbrooke heute ein ganz anderes Bild gezeichnet, gilt er doch als Held, weil er »in der Geschichte der UN-Friedenssicherung am schnellsten [auf Gewalttaten] reagierte«, so daß »der Sicherheitsrat zum ersten Mal in der Ära nach Ruanda und Srebrenica einen Notfall direkt angegangen ist« – »direkt«, das heißt, nachdem Ost-Timor zerstört und die Bevölkerung vertrieben oder umgebracht worden war. Nun sah er in der »Operation die getreue Verwirklichung der Träume von Churchill und Roosevelt, als sie die Prinzipien der Vereinten Nationen formulierten. ›Es kostete nur zwanzig Jahre, eine ungeheure Anzahl von Toten und Plünderungen und Zerstörungen durch das indonesische Militär‹, fügte er düster hinzu.«

Welche Rolle er und die Vereinigten Staaten bei der Verursachung dieser Kosten gespielt haben, bleibt unerwähnt, abgesehen von einem Hinweis auf Clintons »tagelanges Zögern«, bevor er endlich Indonesien unter Druck setzte.[60]

Die Leitlinien der amerikanischen Indonesien-Politik waren den für die Invasion von 1975 Verantwortlichen natürlich vertraut. Der damalige UN-Botschafter Patrick Moynihan fand dafür Worte, die im Gedächtnis behalten sollte, wer sich für internationale Politik, Menschenrechte und die Herrschaft des Gesetzes interessiert. Der Sicherheitsrat verurteilte die Invasion und forderte Indonesien zum Rückzug auf. Das blieb erfolglos, und in seinen 1978 veröffentlichten Memoiren erklärt Moynihan den Grund:

> »Die Vereinigten Staaten wollten die Angelegenheit nach ihren Vorstellungen geregelt haben und taten alles dafür, um dieses Ziel zu erreichen. Das Außenministerium wünschte, daß alle Maßnahmen der Vereinten Nationen erfolglos blieben. Diese Aufgabe sollte ich übernehmen, und ich habe sie mit nicht unbeträchtlichem Erfolg durchgeführt.«

Da hat er recht. Moynihan zitiert Berichte, denen zufolge innerhalb von zwei Monaten an die 60 000 Personen umgebracht wurden, »zehn Prozent der Gesamtbevölkerung, proportional also fast die Verluste, die die Sowjetunion im Zweiten Weltkrieg zu verzeichnen hatte«.[61] Ein weiterer Erfolg war, daß das Thema nach einem Jahr »in der Presse nicht mehr auftauchte«. Und das blieb auch so, als die Invasoren ihre Angriffe verstärkten. Während Moynihan an seinen Memoiren saß, jagte das indonesische Militär, wohlversehen mit US-amerikanischen Waffen, die Ost-Timoresen, die zu Hunderttausenden in die Berge geflohen waren. Damals versuchte die Kirche der Öffentlichkeit mitzuteilen, daß die Gewalttaten der Militärs schätzungsweise 200 000 Personen das Leben gekostet hatten. Aber das wurde erst sehr viel später akzpetiert und galt zu der Zeit als »Propaganda für die Guerillas«.

Vor der Invasion war Ost-Timor häufig in den Schlagzeilen gewesen. Das hatte mit dem Zusammenbruch des portugiesischen Faschismus und seines Kolonialsystems zu tun. Je mehr jedoch das indonesische Militär dort wütete, desto schweigsamer wurden die Medien. 1978, auf dem Höhepunkt der Greuel, hörte man aus oder über Ost-Timor so gut wie gar nichts mehr,[62] und das Wenige, was es an Berichterstattung gab, hielt sich überwiegend an die Lügen des Außenministeriums und der indonesischen Generäle. 1980 jedoch trat die Wahrheit allmählich zu Tage, wobei die Verantwortung der USA bis heute sorgsam verschwiegen wird. Deutlich wurde auch, daß die Gewalttaten mit denen vergleichbar waren, die zur gleichen Zeit in Kambodscha verübt wurden. Dort handelte es sich jedoch zusätzlich noch um Kriegsverbrechen, die im Verlauf direkter Aggression von den Großmächten begangen wurden.

Der erste Bericht, der das Schweigen über Ost-Timor brach, führte zu erheblicher Verärgerung. In einer Zeitungsrezension bemerkte Stanley Karnow, er könne es nicht über sich bringen, ein gerade erschienenes Buch über Ost-Timor zu lesen, weil es nichts mit ihm zu tun habe. Sein Kollege Richard Valeriani stimmte ihm zu, denn: »Ich schere mich nicht um Ost-Timor.« Auch der ehemalige Indochina-Korrespondent der *New York Times*, A. J. Langguth, mochte sich des Themas nicht annehmen: »Wenn die Weltpresse sich plötzlich auf Ost-Timor stürzte, würde das an dem Schicksal keines einzigen Kambodschaners etwas ändern.« Elegant formulierte der Herausgeber der Pariser Zeitschrift *Le Nouvel Observateur* den springenden Punkt: »Die Geschichte hat ihre Hauptströmungen, und die Hauptströmung fließt durch Kambodscha, nicht durch Ost-Timor.«[63]

Diese und ähnliche Bemerkungen sind zweifellos zutreffend, denn sie beleuchten die geltenden Kriterien für die Auseinandersetzung mit humanitären Problemen: Gewalttaten, für die wir verantwortlich sind und die wir ohne Schwierigkeiten eindämmen oder beenden könnten, »haben nichts mit uns zu tun« und sollten uns nicht weiter interessieren; schlimmer noch: sie lenken von der moralisch wichtigen Aufgabe ab, Gewalttaten zu bejammern, die von offiziellen Feinden begangen werden und an denen wir nur wenig ändern können. Als jedoch die Vietnamesen in Kambodscha dem Terror tatsächlich ein Ende setzten, wurden sie für dieses schockierende Verbrechen von Washington bestraft: Es gab Sanktionen, eine chinesische Invasion wurde von den USA unterstützt, der von der Macht vertriebene Rote Khmer unter dem Namen »Demokratisches Kampuchea« gefördert.

Dennoch fühlten manche sich unbehaglich angesichts der Tatsache, daß wir die Gewalt in Kambodscha verurteilten, zugleich aber über die Greueltaten in Ost-Timor »hinwegsahen« – der Standardausdruck für die unannehmbare Wahrheit, daß Washington »sehr genau hinsah« und zur Eskalation beitrug. Dieses Dilemma wurde 1982 vom Außenministerium beseitigt, als man erklärte, die Bewegung »Demokratisches Kampuchea« vertrete das kambodschanische Volk in erheblich größerem Maße als die Widerstandsbewegung in Ost-Timor die Timoresen und somit sei es angemessen, sowohl Pol Pot als auch Suharto zu unterstützen. Damit verschwindet der Widerspruch samt der Notwendigkeit, ihn zu lösen.[64]

Die nächsten zwanzig Jahre blieb alles beim alten: Terror und Gewalt, westliche Komplizenschaft, Widerstand. 1998 gab es einen ersten Hoffnungsstrahl. Suharto hatte in den Augen Washingtons mittlerweile einige wirkliche Übeltaten begangen und war nun nicht mehr »unser Typ«: Er hatte nach der Finanzkrise die Kontrolle über das Land verloren und setzte die harten Sanierungsprogramme des Weltwährungsfonds nicht schnell genug um. Dem »gemäßigten« Suharto war nach der Machtübernahme ein partieller Schuldenerlaß gewährt worden, nun aber mußten 200 Millionen Indonesier zahlen, was er und seine Kumpanen an Zahlungsverpflichtungen angehäuft hatten. Mittlerweile nämlich beliefen sich die Schulden auf 140 Prozent des Bruttosozialprodukts, weil Weltbank, IWF und westliche Regierungen dem korrupten Regime reichlich Geld gepumpt hatten, das der IWF als – so der gegenwärtige US-amerikanische Vorsitzende – »Schuldeneintreiber der Kreditgemeinschaft« nun wiedersehen wollte.[65]

Am 20. Mai 1998 wurde Suharto von US-Außenministerin Madeleine Albright zum Rücktritt aufgefordert. Er solle für einen »demokratischen Übergang« sorgen. Wenige Stunden später übergab Suharto die Amtsgeschäfte an den von ihm persönlich ausgewählten Vizepräsidenten, B. J. Habibie. Diese Vorgänge folgten natürlich nicht einfach dem Schema von Ursache und Wirkung, sondern symbolisierten die vorherrschenden Beziehungen. Nun konnte es zum ersten Mal seit vierzig Jahren wieder freie Wahlen geben. 1958 nämlich hatten die USA das parlamentarische System in Indonesien unterminiert und versucht, die äußeren, an Bodenschätzen reichen Inseln vom übrigen Indonesien abzutrennen, weil die Regierung in Jakarta zu unabhängig und demokratisch war und sogar einer Partei der Linken die Teilnahme an den Wahlen gestatten wollte.[66]

Die freien Wahlen in Indonesien waren für viele Kommentatoren ein erneuter Beweis für unseren Willen, einer rückständigen Welt zur Demokratie zu verhelfen. Dabei wurde jedoch der Hintergrund übersehen, der durch die (umfassende) Kategorie der »verdeckten Operationen« bestimmt ist. Abgesehen davon bleibt manches »besser unerwähnt«, wie George Orwell bei seiner Erörterung der »freiwilligen Zensur« in freien Gesellschaften bemerkt.

Zur Überraschung vieler Beobachter distanzierte Habibie sich sofort von Suharto und forderte im Juni 1998 einen »Sonderstatus« für Ost-Timor. Im August schlug Außenminister Ali Alatas eine »weitreichende Autonomie« vor.

Am 27. Januar 1999 verkündete Habibie ganz unerwartet, die Regierung werde für den Fall, daß die Bevölkerung von Ost-Timor das Autonomieangebot ablehne, dem Parlament empfehlen, Indonesien solle sich aus dem von ihm annektierten Gebiet zurückziehen. Am 5. Mai kamen Indonesien und Portugal unter der Schirmherrschaft der UNO darin überein, daß die Wahl zwischen Autonomie und Unabhängigkeit in einem Referendum fallen solle. Es war zunächst für den 8. August geplant, dann auf den 30. August verschoben worden.

Das Militär verfolgte jedoch andere Pläne und versuchte die freie Wahl schon vor dem 27. Januar durch Terror und Einschüchterung zu verhindern.

Mit erstaunlichem Mut ging fast die gesamte wahlberechtigte Bevölkerung am 30. August an die Wahlurnen. Viele kamen, die sich bis dahin versteckt gehalten hatten. Nahezu achtzig Prozent stimmten für die Unabhängigkeit. Danach folgte die letzte Phase der Gewalt: der Versuch des Militärs, das Ergebnis durch Mord und Vertreibung zu revidieren. Wie bereits erörtert, wird die Wahrheit über die Ereignisse vor und nach dem Referendum wohl niemals zu Tage treten.

Die traurige Geschichte muß vor dem Hintergrund der Nachkriegszeit gesehen werden, in der sich die Beziehungen zwischen den USA und Indonesien entwickelten.[67] Die reichen Bodenschätze des Archipels und seine strategisch wichtige Lage machten ihn für die Planungsstrategen in Washington interessant. Diese Faktoren erklären die US-amerikanische Politik seit 1958, und vor allem die vorbehaltlose Unterstützung für Suharto, der erst gehen mußte, als er zum Störfaktor geworden war und so das Schicksal vieler anderer Krimineller teilte, die einst den USA treu gedient hatten: Trujillo, Somoza, Marcos, Noriega, Saddam Hussein, Mobutu, Ceausescu und viele andere. Wie bereits erwähnt, verwandelte der Schlag gegen die PKI 1965 Indonesien nicht nur in ein »Paradies für Investoren«, sondern sollte auch der Entlastung Washingtons in seinen Indochina-Kriegen dienen, die vor allem der Besorgnis entsprangen, der »Virus« eines unabhängigen Nationalismus könnte Indonesien »infizieren«, so wie die Besorgnis über die indonesische Unabhängigkeit (und später seine exzessive Demokratie) der Furcht entsprungen war, daß ein »kommunistisches« (gemeint war: unabhängig-nationalistisches) Indonesien sich als »Virus« nach Westen über ganz Südasien ausbreiten könnte, wovor George Kennan bereits 1948 gewarnt hatte.

In diesem Zusammenhang war die Unterstützung für die Besetzung Ost-Timors und die darauf folgenden Gewalttaten vielleicht ein reiner Reflex, obwohl man die Tatsache nicht aus dem Auge verlieren darf, daß der Zusammenbruch des portugiesischen Kolonialreichs in Afrika ähnliche Folgen zeitigte, wo Südafrika die Rolle Indonesiens als vom Westen gestützter Terrorstaat spielte. Hier wie dort mußte der Kalte Krieg als Begründung herhalten, was sich bei sorgfältigerer Prüfung jedoch zumeist als geeigneter Vorwand für niedrige Motive und üble Machenschaften erweist, die mit dem Wandel der Beziehungen zwischen den USA, Rußland und China überhaupt nichts zu tun haben.

Die Geschichte mit Ost-Timor beginnt nicht erst 1975. Man sollte, so überlegte Roosevelts Berater Sumner Wells, dem Land die Unabhängigkeit gewähren, aber »das würde sicher tausend Jahre dauern«.[68] Mit respektheischender Tapferkeit haben die Ost-Timoresen gekämpft und konnten, ungeachtet aller Hemmnisse, diese Voraussage widerlegen. Im Zweiten Weltkrieg verloren an die 50 000 ihr Leben, als sie ein kleines Kontingent australischer Truppen gegen die Japaner verteidigten; ihr Heldentum hat möglicherweise

Australien vor einer japanischen Invasion bewahrt. Ein Drittel der Bevölkerung fiel den Folgen der indonesischen Besetzung zum Opfer, seitdem sind noch viele dazugekommen.

Wir sollten uns jetzt endlich von Mythologien verabschieden und die Ursachen und Folgen unseres Handelns realistisch einschätzen. Das gilt nicht nur für Ost-Timor, aber in jenem heimgesuchten Winkel der Welt haben wir jetzt die Möglichkeit, nach einem der abstoßendsten Verbrechen jenes furchtbaren Jahrhunderts, das ein so entsetzliches Ende gefunden hat, für die Überlebenden zu sorgen.

III. Ein Rückblick auf den Kosovo-Krieg

Nachdem der Tumult sich gelegt hat, sollte es möglich sein, den Krieg der NATO um das Kosovo relativ leidenschaftslos zu betrachten und zu analysieren. Angesichts der Begeisterung intellektueller Kreise in den Staaten des Westens über eine großartige neue Ära in der Geschichte hätte man erwartet, daß das Thema die Diskussionen um die Jahrtausendwende beherrschen würde. Aber es fand kaum noch Erwähnung.

Eine der seltenen Ausnahmen bildete das *Wall Street Journal*, das am 31. Dezember 1999 seine Titelgeschichte einer Tiefenanalyse der Geschehnisse widmete.[1] Die Überschrift lautete: »Der Krieg im Kosovo war grausam, bitter, zügellos, aber kein Völkermord«. Das klingt völlig anders als die Propagandaparolen, die den Krieg begleiteten. Eine computergestützte Suche nach Hinweisen auf den Begriff »Völkermord«, die sich auf die erste Woche der Luftangriffe beschränkte, wurde abgebrochen, als die Grenze von 1000 Dokumenten erreicht war.[2]

Das Bild vom Feind als Inkarnation des Bösen ist ein typisches Merkmal der Propaganda. Es wird umso liebevoller gezeichnet, je weniger die Anwendung von Gewalt sich rechtfertigen läßt. In totalitären Staaten ist so etwas gang und gäbe, aber die Demokratien waren die Vorreiter dieser Methode, denn sie mußten in der Bevölkerung um Unterstützung werben. Ein klassisches Beispiel ist der Erste Weltkrieg; ein weiteres sind die am 24. März 1999 begonnenen Luftangriffe der NATO auf Serbien. Die Propaganda zielte darauf ab, einen neuen Holocaust ausfindig zu machen, und es war der Mainstream, der diese Bilder heraufbeschwor, nicht etwa dessen verachtete Randbereiche – eine bittere Beleidigung für das Andenken der Opfer des Nationalsozialismus. Zuerst geriet Milosevic ins Fadenkreuz. Er war ein zweiter Hitler, der das Überleben der gesamten Zivilisation bedrohte. Als deutlich wurde, daß sich die Bomben nicht gegen das serbische Militär, sondern gegen die Zivilgesellschaft richteten, mußten die Serben dämonisiert werden. Sie waren nun »Milosevics willige Vollstrecker«, die ihr Schicksal verdienten und vom Rächer der Unterdrückten hinweggefegt werden mußten.[3] Die Urheber jedoch sind nicht die »willigen Vollstrecker« des Weißen Hauses und seiner Vasallen, obwohl sie schrecklichen Verbrechen und der unzweideutigen Lektion moralischer Binsenweisheiten gelassen ins Auge zu sehen vermochten.

Als NATO-Streitkräfte in das Kosovo einmarschierten, wurden enorme Anstrengungen unternommen, Beweise für die Verbrechen des Feindes aufzuspüren und mit »beispielhafter Schnelligkeit und Effizienz« dafür zu sorgen, daß nichts übersehen wurde. Man wollte damit »aus Fehlern der Vergangenheit lernen« und »der wachsenden internationalen Tendenz [entsprechen], Kriegsverbrecher zur Rechenschaft zu ziehen«. Zudem sei es »für die NATO politisch wichtig, den Umfang der Verbrechen nachzuweisen, um zu zeigen, warum die 78 Tage dauernden Luftangriffe gegen serbische Streitkräfte notwendig waren«.[4]

Diese weithin akzeptierte Argumentation ist verwirrend. Unbestreitbar nämlich kam es zu den Verbrechen erst nach Beginn der Bombardierung; sie waren – was schwer zu leugnen ist –, nicht die Ursache, sondern die Folge der Luftangriffe. Es zeugt von beträchtlicher Kühnheit, die Gewalttaten rückblickend als Rechtfertigung für eben jene Handlungen darzustellen, durch die sie allererst ausgelöst wurden, selbst wenn wir unberücksichtigt lassen, daß sie als Folge der Luftangriffe sogar vorhersehbar waren.

Trotz aller Bemühungen zeitigte die, wie es im *Wall Street Journal* hieß, »besessene Fahndung nach Massengräbern« keine großen Erfolge. Statt der »riesigen *killing fields*, die einige Ermittler erwarteten ... gab es eher vereinzelte Tötungsaktionen«, eine Art »ethnischer Säuberungen niederen Grades«. »Die meisten Tötungen und Brandschatzungen fanden in Gebieten statt, wo die separatistische Kosovo-Befreiungsarmee [KLA-UCK] aktiv gewesen war« oder infiltrieren konnte, berichteten Mitarbeiter von Menschenrechtsorganisationen.[5] Die Serben konzentrierten sich dabei auf »Gebiete, in denen die KLA unterstützt wurde. Dort gingen sie mit selektivem Terror, Raub und sporadischen Tötungsaktionen vor«. Diese Auffassung wird zum Teil auch von dem detaillierten Bericht der OSZE gestützt, der im Dezember 1999 veröffentlicht wurde. Er sieht »in den Vertreibungen eine gewisse Art militärischer Logik, denn sie zielten auf Gebiete, die von den Aufständischen kontrolliert wurden und in der Nähe möglicher Invasionsrouten lagen«.[6]

Das *Wall Street Journal* zieht den Schluß, die NATO habe »ihre Behauptungen über die Existenz serbischer ›killing fields‹ ausgebaut«, als »ein ermüdetes Pressekorps umschwenkte und nun vom Gegenteil berichtete, nämlich von Zivilisten, die durch NATO-Bomben starben«. Schlimmer noch: Es gab Informationen über die Zerstörung der gesellschaftlichen Infrastruktur und über Verbrechen wie chemische und biologische Kriegführung. Wenn die Zeitung recht hat, spiegelt der Richtungswechsel der für das Pressekorps bestimmten Propaganda die bereits erwähnten Versuche, die Heimatfront mit Berichten über einen Völkermord zu schockieren. NATO-Sprecher Jamie Shea gab »Informationen« heraus, die nachweislich KLA-UCK-Quellen entstammten; und viele höchst düstere Geschichten von Greueltaten, die Flüchtlinge erlebt haben wollen, waren, so das *Wall Street Journal*, erfunden. Zugleich versuchte, wie wir aus anderer Quelle erfahren, die NATO eigene Gewalttaten zu vertuschen, indem sie (um nur ein Beispiel zu nennen) eine Videoaufzeichnung »mit dreifach überhöhter Geschwindigkeit« vorführte, um zu beweisen, daß »der Tod von wenigstens vierzehn Zivilisten in Serbien, die ums Leben kamen, als ihr Zug eine Brücke überquerte«, unvermeidbar war, »weil aufgrund der Geschwindigkeit des Zugs die Geschosse sich nicht mehr umlenken ließen«.[7] Das alles sind bekannte Mittel der Kriegspropaganda, die vor allem dann eingesetzt werden, wenn die Medien unliebsame Tatsachen aufgreifen.

Dennoch glaubt das *Wall Street Journal*, daß die »abscheulichen« serbischen Verbrechen, zu denen auch die umfangreiche Vertreibungskampagne gehört, »im Grunde ausreichen«, um die NATO-Luftangriffe zu rechtfertigen – gemäß dem Prinzip der bereits erwähnten rückwirkenden Rechtfertigung.

Der OSZE-Bericht vom Dezember 1999 war die dritte hauptsächliche Quelle von Informationen über serbische Verbrechen. Die erste war die detaillierte Beweisführung des US-Außenministeriums gegen Milosevic und seine Verbündeten vom Mai 1999; kurz danach kam es zur formellen Anklage durch das Internationale Kriegsverbrechertribunal. Diese zweite Quelle unterscheidet sich kaum von der ersten, was wohl daran liegt, daß die »bemerkenswert schnelle Anklageerhebung« auf amerikanischen und britischen »Geheimdienstinformationen beruhte«. Das Außenministerium aktualisierte seine Beweisführung im Dezember 1999 durch Aussagen von Flüchtlingen und Ergebnisse von Untersuchungen, die nach dem Ende des Kriegs durchgeführt wurden. Mit diesem Bericht sollte die definitive Rechtfertigung für die Angriffe geliefert werden.[8]

In den Berichten des Außenministeriums und der Anklageschrift des Tribunals beschränkt sich die chronologische Darstellung der Ereignisse fast gänzlich auf den Zeitraum nach dem Beginn der Bombardierungen am 24. März 1999. So wird im Dezember-Bericht vage von »Ende März« oder »nach dem März« gesprochen, mit Ausnahme einer Aussage von Flüchtlingen über eine Exekution, die am 23. März stattgefunden hatte. Einen Tag zuvor hatte die NATO offiziell den Beginn der Luftangriffe erklärt.[9] Das Außenministerium erklärt also in aller Deutlichkeit, daß die Verbrechen von »Milosevics willigen Vollstreckern« nicht den Grund für die Bombardements abgaben, sondern auf sie folgten, und mithin, so muß man wohl schließen, durch sie hervorgerufen wurden.

Zwar hatte am 15. Januar 1999 in Racak ein Massaker stattgefunden, bei dem 45 Personen den Tod fanden, doch kann dies nicht der Beweggrund für die Luftangriffe gewesen sein. Zum einen nämlich berichteten Beobachter der OSZE und anderer internationaler Organisationen (die NATO eingeschlossen), daß es sich dabei um einen Einzelfall gehandelt habe, dem bis zum 24. März nichts Vergleichbares gefolgt sei; zum anderen sind solche Gewalttaten, wie die nahezu parallel verlaufenden Greueltaten in Ost-Timor zeigen, für Washington und seine Verbündeten kaum von Belang.[10]

Zusammenfassend läßt sich sagen, daß weder das US-Außenministerium noch das Tribunal ernsthafte Anstrengungen unternehmen, die Luftangriffe oder den vorbereitenden, drei Tage zuvor angeordneten Rückzug der OSZE-Beobachter (KVM, Kosovo Verification Mission) zu rechtfertigen.

Die OSZE-Untersuchung bestätigt im wesentlichen die Berichte des Außenministeriums und die Anklageerhebung des Tribunals. Sie verzeichnet »das Muster der Vertreibungen und die beträchtliche Zunahme von Plünderungen, Tötungen,

Vergewaltigungen und Entführungen nach dem Beginn des NATO-Luftkriegs«.[11] Und weiter heißt es: »Einerseits schien die Situation jeglicher Kontrolle zu entgleiten, und es herrschte Gesetzlosigkeit in Form von Tötungen und Plünderungen. Andererseits folgte die massive Vertreibung von Einwohnern aus der Stadt, die in der letzten Märzwoche und Anfang April durchgeführt wurde, einem bestimmten Muster und war aller Wahrscheinlichkeit nach schon seit langem geplant worden.«[12]

Der Ausdruck »aller Wahrscheinlichkeit nach« ist sicher eine Untertreibung. Selbst ohne dokumentarische Beweise läßt sich kaum bezweifeln, daß Serbien Pläne für die Vertreibung der Bevölkerung ausgearbeitet hatte und diese angesichts der Luftangriffe und einer drohenden Invasion in die Tat umsetzen würde. Vielfach werden die Bombardements unter Verweis auf diese Pläne, die als Reaktion darauf verwirklicht wurden, gerechtfertigt. Dieser Logik zufolge wären terroristische Angriffe auf US-amerikanische Ziele gerechtfertigt, wenn sie einen nuklearen Schlag auslösten, der seinerseits – tatsächlich vorhandenen – Plänen für einen Erst- oder gar Präventivschlag gegen Staaten folgt, die keine Atomwaffen besitzen und den Vertrag über die Nichtverbreitung von Kernwaffen unterschrieben haben.[13] Ebenso wäre ein iranischer Luftangriff auf Israel, der mit einer glaubwürdigen Invasionsandrohung verbunden ist, gerechtfertigt, wenn Israel daraufhin seine – wahrscheinlich vorhandenen – Pläne zur Vertreibung der Palästinenser in die Tat umsetzt. Nimmt man die These ernst, lassen sich daraus eindrucksvolle Schlüsse ziehen.[14]

Weiter heißt es im OSZE-Bericht: »Nachdem die OSZE-KVM [Beobachter] am 20. März 1999 abgezogen worden waren, und insbesondere nach dem Beginn der NATO-Luftangriffe auf die Bundesrepublik Jugoslawien am 24. März, wurden die Dörfer und Stadtgebiete systematisch von Angehörigen der serbischen Polizei und/oder Armee, oftmals in Begleitung von Paramilitärs, durchkämmt und die kosovo-albanische Bevölkerung bedroht und vertrieben.«[15] Der Abzug der Beobachter führte auch zu verstärkten Angriffen der KLA-UCK auf serbische Polizeioffiziere, was wiederum »heftige Reaktionen [der Polizeikräfte] provozierte« und zu einer Eskalation »der Vorkriegsverhältnisse [führte], als serbische Streitkräfte gegen Rebellen kämpften, die serbische Zivilisten entführten und Polizeioffiziere und Soldaten angriffen«.[16]

Und weiter: »Wahllose Angriffe auf die Zivilbevölkerung, die vor dem 24. März eher sporadisch erfolgt waren, nahmen jetzt an Häufigkeit und Verbreitung zu. Vor allem gingen die Serben gegen Personen vor, die Verbindungen zur KLA-UCK hatten oder haben sollten«, was vor dem Abzug der Beobachter eher zur Inhaftierung geführt hätte, während »die serbischen und jugoslawischen Truppen danach eher auf Mord aus waren«. »Mit dem Beginn der Luftangriffe der NATO kam es im gesamten Kosovo zu umfassenden und willkürlichen Tötungsaktionen.«

Vor dem 24. März »hatte sich die Aufmerksamkeit der jugoslawischen und serbischen Militär- und Sicherheitskräfte im allgemeinen auf Gemeinden im Kosovo gerichtet, die an UCK-Transitstrecken oder in der Nähe von UCK-Stützpunkten lagen«. Danach jedoch »wurden auch Gebiete angegriffen, in denen es bis dahin relativ ruhig gewesen war«. »Die Gebiete, die unter dem Einfluß der UCK standen oder von strategischer Bedeutung waren, gehörten zu den ersten, die am 24. März und noch einige Zeit danach angegriffen wurden.«[17]

»Im März waren die jugoslawischen Militär- und Sicherheitskräfte mit zwei Aufgaben beschäftigt: Sie mußten die

UCK bekämpfen und sich auf einen Angriff der NATO vorbereiten.« Dabei galt ihre Aufmerksamkeit vor allem »dem Westen des Kosovo und der Grenze zu Albanien«, weil es dort »nicht nur eine mögliche Route für den Einmarsch der NATO, sondern auch ein Gebiet gab, wo die UCK besonders aktiv war, da sie sich auf albanisches Gebiet zurückziehen und von dort aus den Nachschub organisieren konnte. Die jugoslawischen Streitkräfte mußten also versuchen, die Kontrolle über dieses Gebiet zu erlangen, um die Verbindung der UCK zu ihren Einflußzonen im Inneren des Kosovo zu zerstören.« Mithin ging es darum, »die eigenen Kommunikationsstrukturen zu sichern und die Dörfer entlang strategisch wichtiger Routen zu kontrollieren«. Sie wurden »sofort unter Beschuß genommen und geräumt«. Später ging das jugoslawische Militär dazu über, die kosovo-internen Nachschublinien der UCK anzugreifen, d. h. die kosovo-albanische Bevölkerung aus Dörfern in von der UCK beherrschten Gebieten zu vertreiben und nach Männern im kampffähigen Alter zu fahnden, die sich in die Berge abgesetzt hatten. Im Osten baute die Armee Verteidigungsstellungen auf und aus, zunächst an der Grenze, dann auch im Landesinneren.[18]

Das serbische Militär reagierte also, wie man es angesichts der Bedrohungen, mit denen es sich konfrontiert sah – Luftangriffe, eine mögliche Invasion, eine von Albanien aus unterstützte Guerilla –, nicht anders erwarten konnte. Überdies operierte die UCK in einem Gebiet, das von Washington nach wie vor als serbisches Territorium betrachtet wird.

Der Rechtsberater der Kosovo-Albaner, Marc Weller, ein Befürworter der Bombardements, gab an, daß »innerhalb weniger Tage« nach dem Abzug der Beobachter »die Zahl der Vertriebenen erneut auf 200 000 gestiegen war«, was von US-Geheimdiensten im großen und ganzen bestätigt wird.[19] Dann kamen die Luftangriffe, und die Gewalttaten und Vertreibungsaktionen eskalierten.

Um zu verstehen, warum die NATO sich zum Krieg entschloß, muß man die Monate genauer betrachten, die dieser Entscheidung vorangingen. Und um die Tatsache, daß die NATO die Angriffe ohne Autorisierung durch den UN-Sicherheitsrat durchführte, kritisch bewerten zu können, muß man verstehen, wie die Ereignisse dieses Zeitraums innerhalb der NATO wahrgenommen wurden. Glücklicherweise liegen dafür detaillierte Augenzeugenberichte von Beobachtern der OSZE und anderer internationaler Organisationen vor. Allerdings streift der OSZE-Bericht diesen Zeitraum nur flüchtig und konzentriert sich vorwiegend auf die Ereignisse nach dem Abzug der Beobachter, während die Untersuchungen des US-Außenministeriums und des Tribunals gar nicht auf die Phase vor dem Kriegsbeginn eingehen. Jedoch sind Berichte von Beobachtern der KVM, der NATO und unabhängiger Organisationen veröffentlicht worden.[20] Sie verdienen eine genaue Überprüfung. Die entscheidende Periode beginnt im Dezember 1998, mit dem Ende des Waffenstillstands, der vielen durch die vorherigen Kämpfe Vertriebenen die Rückkehr gestattet hatte.[21] Bis zum März 1999 konnten sich, wie Beobachter berichten, »humanitäre Organisationen in allen Gebieten des Kosovo relativ frei bewegen« und wurden nur hin und wieder von serbischen Sicherheitskräften und Angehörigen der KLA-UCK belästigt. Die Informationen dürften also einigermaßen umfassend und zuverlässig sein.

Werfen wir vorher jedoch noch einen Blick auf die unmittelbaren Zusammenhänge.

1998 hatte es im Kosovo zahlreiche gewalttätige Auseinandersetzungen gegeben, in deren Verlauf, NATO-Angaben zufolge, etwa 2000 Personen, überwiegend Albaner, getötet worden waren. Die Kämpfe begannen im Februar, als gut bewaffnete KLA-Guerillas von Stützpunkten in Albanien aus serbische Polizisten und Zivilisten angriffen. Die USA verurteilte diese Übergriffe als »Terrorismus«. Die Serben reagierten mit entsprechender Brutalität. Im Sommer kontrollierte die KLA vierzig Prozent des Kosovo, worauf die Gegenseite mit erneuter Gewalt vor allem gegen Zivilisten vorging, die im Verdacht standen, mit den Guerillas zu sympathisieren. Im September forderte der UN-Sicherheitsrat einen Waffenstillstand und Verhandlungen, und der US-Gesandte Richard Holbrooke vermittelte ein Abkommen zwischen der KLA und Serbien. Darüber hinaus wurden Beobachter ins Kosovo geschickt. Das Abkommen sei, so schreibt Tim Judah »für die Guerillas gerade rechtzeitig gekommen«. Sie »standen unter starkem Druck und waren in den Bergen eingekesselt worden«. Das Abkommen »verschaffte ihnen eine Atempause und damit die Zeit, sich neu zu organisieren und zu bewaffnen und sich, wie sie allen erzählten, die es hören wollten, sich auf ihre Frühjahrsoffensive vorzubereiten«.[22]

Die KLA-UCK erzählte auch allen, die es hören wollten, von ihrer Taktik. Sie plante, so der US-Geheimdienst, »die NATO durch Provokation der Serben zu Gewalttaten in ihren Unabhängigkeitskampf hineinzuziehen«. Holbrooke bestätigte später, daß die KLA-UCK »äußerst provokative Schritte unternahm, um den Westen in die Krisensituation einzubinden«.[23]

Am 8. Dezember 1998 äußerten sich die Außenminister der EU »besorgt über die ›neuerliche Intensivierung militärischer Aktionen‹ im Kosovo und verwiesen darauf, daß die zunehmenden Aktivitäten der KLA zu einer verstärkten Präsenz serbischer Sicherheitskräfte in der Region geführt hätten«. Nach internen Beratungen mit dem Leiter der KVM, dem US-Botschafter William Walker, kam der Nordatlantikrat zu dem

Schluß, daß die KLA »mit einer vorsätzlichen Provokationskampagne ... zu den Hauptanstiftern der Gewalt« gehört. Die Gründe für dieses Vorgehen erklärten die Guerillaführer so: »Jede unserer bewaffneten Aktionen würde Vergeltungsschläge gegen Zivilisten hervorrufen« und »je mehr Zivilisten getötet würden, desto mehr stiegen die Chancen für eine Intervention«. »Wir wußten, daß unsere bewaffneten Aktionen gnadenlose Vergeltungsschläge gegen die Angehörigen unseres Volkes auslösen würden«, kommentierte der KLA-Anführer Hasim Thaci in der BBC die Ermordung von vier serbischen Polizisten eine Woche vor dem Massaker von Racak. »Wir wußten, daß wir auch das Leben vieler Zivilpersonen gefährden würden«, fügte ein anderer KLA-Kämpfer hinzu. Agim Ceku, der Oberbefehlshaber der KLA, brüstete sich damit, daß es »letztlich die KLA gewesen ist, die die NATO ins Kosovo gebracht hat«.[24]

In der britischen Presse heißt es, daß CIA-Offiziere zugegeben hätten, unter dem Deckmantel der KVM der KLA bei der Planung solcher Angriffe auf serbische Polizisten und Zivilpersonen Unterstützung gewährt zu haben. Ein CIA-Agent gestand: »Ich habe ihnen gesagt, welchen Hügel sie umgehen und hinter welchem Wald sie Deckung suchten müßten und dergleichen.« »Europäische Diplomaten, die damals für die OSZE tätig waren, behaupten, ihre Bemühungen seien von einer amerikanischen Politik hintertrieben worden, die Luftangriffe unvermeidlich gemacht habe.«[25]

Der britische Verteidigungsminister und spätere NATO-Generalsekretär Lord George Robertson sagte zu Beginn der Luftangriffe vor dem Unterhaus, daß bis Mitte Januar 1999 »die KLA im Kosovo für mehr Tote verantwortlich war als die jugoslawischen Streitkräfte«[26] – woraus folgt, daß das im großen und ganzen auch für den Zeitraum bis zum 24. März zutreffen dürfte, wenn wir den umfangreichen Dokumentationen der US-Regierung und anderer westlicher Quellen glauben wollen. Robertson bezieht sich auf die Periode vor dem Massaker von Racak, bei dem, Berichten zufolge, 45 Personen ermordet wurden. Davon abgesehen verzeichnen die westlichen Quellen (im Unterschied zu dem, was öffentlich verlautbart wurde) für die zehn Wochen bis zum Beginn der Bombardierung keine nennenswerten Veränderungen der Situation. Wenn also Robertson das Unterhaus korrekt informiert hat, hätte sich am Grundtenor seiner Aussage bis zum 24. März nichts geändert. Unter Berücksichtigung der militärischen Kräfteverhältnisse ist seine Einschätzung nicht glaubwürdig, aber sie zeigt, wie die Situation von denjenigen, die die Luftangriffe initiierten, betrachtet wurde.

Angesichts der möglichen Folgen waren die NATO-Strategen zunächst besorgt, wie die Öffentlichkeit auf die Luftangriffe reagieren würde, »wenn die ersten Bilder menschlichen Leids und eventueller serbischer Vergeltungsaktionen gegen die albanische Bevölkerung über die Fernsehbildschirme flimmern«. Aber mit dem 20. März scheinen sie nur noch daran gedacht zu haben, daß »die Glaubwürdigkeit der NATO beschädigt wird, wenn sie endlos zögert und ihre Drohungen nicht wahrmacht«, obwohl die Einsicht, daß »schwierige politische Probleme niemals militärisch gelöst werden können«, durchaus vorhanden war.[27] Wie schon erwähnt, war die »Glaubwürdigkeit der NATO« eines der Hauptmotive, wenn nicht gar das einzige, für den Krieg gegen Serbien.

Wenden wir uns nun jenem entscheidenden Zeitraum zu, der vom Dezember 1998 bis zum Abzug der Beobachter und dem Beginn der Bombardements reicht.

Die »schwersten Zwischenfälle« im Dezember sind, so das Internationale Rote Kreuz, Zusammenstöße an der jugoslawisch-albanischen Grenze und »die augenscheinlich ersten gezielten Angriffe auf die zivile Öffentlichkeit in Stadtgebieten«. Aktualisierten Berichten des UN-Informationsdienstes (UN Inter-Agency Update) vom 24. Dezember zufolge handelte es sich dabei um den Versuch bewaffneter Albaner, in das Kosovo einzudringen, wobei mindestens sechsunddreißig Kämpfer umkamen, sowie um den Tod von sechs serbischen Teenagern, als maskierte Männer in einem Café der mehrheitlich von Serben bewohnten Stadt Pec eine Schießerei veranstalteten. Der nächste Zwischenfall ist die Entführung und Ermordung des stellvertretenden Bürgermeisters der Region Kosovo Polie (Amselfeld). Die NATO schreibt diese Tat der KLA-UCK zu. Auch eine Reihe weiterer Entführungen soll auf das Konto der KLA gehen. Der Bericht des UN-Generalsekretärs vom 24. Dezember nennt die Zahl von 282 Zivilisten und Polizeiangehörigen, die seit dem 7. Dezember von der KLA entführt worden sind (laut jugoslawischen Angaben).

Allgemein wird die Lage so eingeschätzt, daß nach dem Waffenstillstand vom Oktober »kosovo-albanische paramilitärische Einheiten das Abflauen der Kämpfe genutzt haben, um die Kontrolle über viele Ortschaften im Kosovo und einige Gebiete in der Nähe von Stadtzentren und Verkehrsrouten zurückzugewinnen ... was [serbische Behörden] zu Äußerungen veranlaßte, daß, wenn die KVM diese Einheiten nicht zu kontrollieren imstande sei, die Regierung diese Aufgabe übernehmen müsse«. Zu dieser Auffassung gelangten die EU-Außenminister und der Nordatlantikrat.

Ähnliches vermelden die UN-Informationen vom 11. Januar. Berichtet wird von bewaffneten Auseinandersetzungen zwischen serbischen Sicherheitskräften und der KLA, aber auch von »einer zunehmenden Anzahl von Morden (für die die KLA verantwortlich gemacht wird), auf die Sicherheitskräfte der Regierung mit harten Vergeltungsschlägen antworteten«. Seit dem 1. Januar seien 21 Personen durch »willkürliche Gewalt« umgekommen. Angeführt wird als Beispiel eine Bombe, die »vor einem Café in Pristina drei serbische Jugendliche verletzte und Vergeltungsmaßnahmen serbischer Zivilisten gegen Albaner hervorrief«. Es war das erste Vorkommnis dieser Art in der Hauptstadt des Kosovo. Des weiteren wurden acht Soldaten von der KLA gefangengenommen, ein serbischer Zivilist und drei serbische Polizisten getötet. Ähnlich lauten die Berichte der NATO, die noch weitere Gewalttaten beider Seiten vermelden.

Dann folgt, am 15. Januar, das Massaker von Racak, ohne daß sich dadurch die Lage grundsätzlich verändern würde. Der OSZE-Monatsbericht vom 20. Februar spricht von einer »unsicheren« Situation. Direkte militärische Konfrontationen seien »signifikant zurückgegangen«, doch habe es weiterhin Angriffe der KLA auf Polizisten und »sporadische Schußwechsel« gegeben, bei denen die jugoslawische Armee »hin und wieder auch schwere Waffen eingesetzt« habe. Hauptmerkmal dieser Periode »war eine beängstigende Zunahme terroristischer Gewalttaten in Stadtgebieten mit einer Reihe willkürlicher Bombenattentate und Schießereien auf zivile Ziele in vielen Städten des Kosovo«, deren Urheber nicht immer eindeutig auszumachen sind und einen »kriminellen oder politischen Hintergrund« haben. Es folgen weitere Darstellungen von Zusammenstößen zwischen KLA und serbischer Polizei; zudem ging die KLA dazu über, Kosovo-Albaner, die der Kollaboration mit den Serben beschuldigt wurden, zu bestrafen. So ergibt sich folgender »Kreislauf der Gewalt«: Die KLA greift serbische Polizisten und Zivilpersonen an, worauf die Serben unverhältnismäßig scharf reagieren, was wiederum zu erneuten Aktivitäten der KLA führt.

In seinem Monatsbericht vom 17. März bemerkt der UN-Generalsekretär, daß direkte militärische Konfrontationen »in geringerem Umfang fortgesetzt wurden«, dafür aber Zivilpersonen »zunehmend zu Opfern gewalttätiger Handlungen« werden: Tötungen, Exekutionen, Mißhandlungen und Entführungen sind an der Tagesordnung. Vom 20. Januar bis zum 17. März verzeichnete das UN-Hochkommissariat für Flüchtlinge (UNHCR) »mehr als 65 gewaltsame Tötungen« albanischer und serbischer Zivilpersonen (darunter einige Roma). Es handelte sich dabei um Einzelaktionen von Scharfschützen und um Granatenbeschuß von Cafés und Ladengeschäften. Zu den Opfern gehörten Albaner, die der Kollaboration verdächtigt wurden, und Zivilpersonen, die um Ausgleich zwischen den verfeindeten Gruppen bemüht waren. Weiterhin gab es Entführungen, zumeist von serbischen Zivilisten. Der OSZE-Bericht vom 20. März zeichnet ein ähnliches Bild der Lage und nennt einzelne Vorfälle.

Der letzte NATO-Bericht, der den Zeitraum vom 16. Januar bis zum 22. März umfaßt, führt einige Dutzend Zwischenfälle auf, die je zur Hälfte auf das Konto der beiden Gegner gehen und vermeldet u. a. »serbische Angriffe auf Dörfer, in denen UCK-Streitkräfte oder Kommandozentren vermutet werden«.

Zum Vergleich ließen sich die (von den USA sekundierten) mörderischen Militäroperationen Israels im Libanon heranziehen, als israelische Streitkräfte, die, entgegen allen Anordnungen des UN-Sicherheitsrats, den Südlibanon besetzt hielten, von der libanesischen Widerstandsbewegung angegriffen wurden. Diese Operationen übertrafen alles, was den serbischen Streitkräften an Gewalttaten im Kosovo vorgeworfen wurde – wobei die NATO, wie bereits erwähnt, das Kosovo als serbisches Territorium betrachtete.

Im Kosovo gab es zwischen dem Ende des Waffenstillstands im Dezember bis zur Entscheidung vom 22. März, mit den Luftangriffen zu beginnen, keine tiefgreifende Veränderung der politisch-militärischen Lage. Zwar waren – selbst abgesehen von dem Massaker in Racak – die jugoslawischen Militär- und Sicherheitskräfte zweifellos für schwere Verbrechen verantwortlich, doch verleihen die zitierten Lageberichte der Behauptung, diese Gewalttaten seien der Grund für die Bombardierung gewesen, keine Glaubwürdigkeit, weil die USA und ihre Verbündeten bei ähnlichen oder schlimmeren Verbrechen, die zur selben Zeit anderenorts begangen wurden, nicht reagierten oder – siehe Ost-Timor – sie sogar noch schürten.

Allerdings wurde das Massaker von Racak von den Befürwortern der Bombardierung sehr schnell als der von ihnen heiß ersehnte Anlaß begriffen. Außenministerin Albright teilte dem Sicherheitsberater Clintons, Sandy Berger, mit: »Der Frühling ist früh ins Kosovo gekommen.« Das bezog sich vermutlich auf die von der KLA lauthals verkündete Frühjahrsoffensive. »Racak hat die Balkanpolitik des Westens auf eine Weise verändert, wie es einzelne Ereignisse sonst kaum jemals tun«, bemerkte der Korrespondent der *Washington Post*, Barton Gellman, bei seiner Rekonstruktion des »Wegs in die Krise«. Es war die »entscheidende Greueltat, die die Räder in Bewegung setzte«, lautete die Überschrift von Gellmans Artikel.[28] Albright begriff sofort, daß man »das Massaker nutzen konnte, um die internationalen Vorbehalte« gegen Milosevic »zu verstärken« und die Verbündeten zu raschem Handeln zu drängen. Die Provokationstaktik der KLA wurde in den Hintergrund gedrängt.[29]

Etwa zur gleichen Zeit beurteilten deutsche Gerichte und das Bundesaußenministerium die Lage im Kosovo gänzlich anders.[30]

Am 12. Januar 1999 meldete der Bundesnachrichtendienst, daß »sogar im Kosovo eine direkte persönliche Verfolgung von Personen albanischer Herkunft nicht nachweisbar ist. Der Osten des Kosovo ist immer noch frei von bewaffneten

Konflikten. In Städten wie Pristina, Urosevac, Gnjilan usw. ist das öffentliche Leben während des gesamten Zeitraums bewaffneter Auseinandersetzungen relativ normal weitergegangen«. Die »Aktionen der Sicherheitskräfte richteten sich nicht gegen die Kosovo-Albaner als einer ethnisch bestimmten Gruppe, sondern gegen den militärischen Gegner und seine tatsächlichen oder angeblichen Unterstützer«.

Am 4. Februar entschied ein Verwaltungsgericht in bezug auf Asylanträge, daß die Lageberichte des Außenministeriums von Mai bis Juli 1998 »nicht den Schluß zulassen, daß Personen albanischer Abstammung im Kosovo als Gruppe verfolgt werden ... Die gewalttätigen Aktionen der jugoslawischen Militär- und Polizeikräfte, die seit Februar 1998 durchgeführt wurden, richteten sich gegen separatistische Aktivitäten und sind kein Beweis für eine Verfolgung der Kosovo-Albaner als ethnischer Gruppe, weder im Kosovo, noch in einem Teil der Region.« Diese Aktionen waren »eine selektive, gewaltsame Operation gegen die militärische Untergrundbewegung (insbesondere die KLA) und gegen Personen, die im Operationsgebiet mit ihr in unmittelbarem Kontakt standen ... Einen staatlichen Plan zur Verfolgung der gesamten albanischen Bevölkerungsgruppe gibt es nicht und hat es bisher nicht gegeben.«

Auch das Oberste Verwaltungsgericht in Münster stützte sich bei seiner Beurteilung auf Lageberichte des Außenministeriums. Es ließ am 24. Februar verlauten, »daß die oft befürchtete humanitäre Katastrophe für die albanische Zivilbevölkerung nach der Einschränkung der Kampfhandlungen in Verbindung mit einem Abkommen, das Ende 1998 mit der serbischen Führung geschlossen wurde, abgewendet worden ist ... Seitdem haben sich die Sicherheitslage und die Lebensbedingungen der albanisch-stämmigen Bevölkerung sichtlich verbessert ... Vor allem in den größeren Städten ist das öffentliche Leben zu einer relativen Normalität zurückgekehrt ... Für ein Geheimprogramm oder ein stillschweigendes Einverständnis seitens der Serben, die albanische Bevölkerung zu liquidieren, zu vertreiben oder auf andere Weise zu verfolgen, gibt es keine hinlänglichen Beweise ... Die Maßnahmen der bewaffneten serbischen Streitkräfte richten sich vorwiegend gegen die KLA und ihre tatsächlichen oder vermeintlichen Anhänger und Unterstützer.«

Am 11. März kam das münsteraner Gericht zu dem Schluß, daß »Personen albanischer Herkunft im Kosovo als Bevölkerungsgruppe in der Bundesrepublik Jugoslawien keiner regionalen oder landesweiten Verfolgung ausgesetzt waren oder sind«. Am 15. März meldete der Bundesnachrichtendienst: »Wie im Lagebericht vom 18. November 1998 dargestellt, hat die KLA nach dem Teilrückzug der (serbischen) Sicherheitskräfte im Oktober 1998 ihre Positionen zurückgewonnen, so daß sie nun erneut weite Bereiche im Konfliktgebiet kontrolliert. Vor dem Frühjahrsbeginn 1999 gab es noch Zusammenstöße zwischen der KLA und Sicherheitskräften, wobei diese bis jetzt nicht die Intensität der Auseinandersetzungen vom Frühjahr und Sommer 1998 erreicht haben.«

Die verfügbaren dokumentarischen Quellen stimmen darin überein, daß vor dem Beginn der Luftangriffe und sogar noch nach dem Abzug der Beobachter die Lage einigermaßen stabil war, wobei die (vielleicht mit Beteiligung der CIA) durchgeführten Aktionen der KLA eine gewaltsame und unverhältnismäßige Reaktion der Serben provozieren sollten. Das gelang und wurde von den Befürwortern der Bombardements eifrig genutzt, um die öffentliche Meinung im Westen für ihre Sache zu gewinnen.

Die umfassenden Vertreibungsoperationen im Kosovo begannen gleich nach dem 24. März. Am 27. März berichtete das UNHCR, daß 4000 Flüchtlinge die Region bereits verlassen hätten, und am 1. April war die Fluchtbewegung schon so umfangreich geworden, daß das UN-Kommissariat tagesaktuelle Zahlen bekanntgab. Am 5. April startete es sein humanitäres Evakuierungsprogramm. Von der letzten Märzwoche bis zum Kriegsende im Juni »vertrieben serbische und jugoslawische Streitkräfte etwa 863 000 Albaner aus dem Kosovo«, erklärte die OSZE, während Hunderttausende innerhalb des Kosovo fliehen mußten. Auch Serben, Roma und andere verließen ihre Heimatorte.

Der ehemalige Balkanexperte der *New York Times*, David Binder, weist auf eine »Merkwürdigkeit« im OSZE-Bericht hin: Während der Luftangriffe verließen 46 Prozent der Albaner das Kosovo, zugleich aber 60 Prozent der Serben und Montenegriner. Demzufolge »wurden ungleich mehr Serben während der Bombardements vertrieben, und sie kehrten später nicht ins Kosovo zurück«. Später folgten ihnen viele weitere Flüchtlinge, die nicht zur albanischen Bevölkerungsgruppe gehörten. Das geschah unter den Augen der NATO-Besatzungstruppen, die »auf dem Balkan weitaus mehr ethnische Säuberungen durchgeführt haben als alle anderen Beteiligten«.[31]

Die USA und Großbritannien hatten die Bombenkampagne monatelang geplant und dürften die eben beschriebenen Folgen einkalkuliert haben. Anfang März machte Italiens Premierminister Massimo D'Alema darauf aufmerksam, daß die Luftangriffe massive Flüchtlingsströme hervorrufen würden, worauf Sicherheitsberater Sandy Berger mit der Bemerkung reagierte, auch in diesem Fall würde »die NATO die Bombardierung fortsetzen«. US-Geheimdienste warnten ebenfalls vor einer »praktisch unübersehbaren Zahl an Flüchtigen« und ethnischen Säuberungskampagnen und wiederholten damit frühere Prognosen europäischer Beobachter.[32]

Als die Luftoffensive begann, wies der Oberbefehlshaber

der US-NATO-Streitkräfte, General Wesley Clark, die Presse darauf hin, daß die daraus resultierende Verstärkung serbischer Terroraktionen »völlig vorhersehbar« wäre. Kurz darauf erklärte er: »Die militärischen Führungen haben die bösartigen Methoden von Milosevic ebenso vorausgesehen wie deren höchst effiziente Umsetzung in die Tat.« Einige Wochen später äußerte er sich noch direkter: Die von den »politischen Führungen« geplanten Operationen der NATO »waren nicht dazu gedacht, die ethnischen Säuberungen der Serben zu behindern. Ebensowenig sollte damit ein Krieg gegen die Serben und deren Polizeikräfte [die MUP] im Kosovo geführt werden. In keiner Weise. Diese Absicht bestand nie.« Wie bereits erwähnt, hatte Clark auch nie etwas von der »Operation Hufeisen« gehört, dem angeblichen Plan der Serben zur Vertreibung der kosovo-albanischen Bevölkerung, der nach den erschreckenden Reaktionen des serbischen Militärs auf die Bombardements in Deutschland publik gemacht worden war.[33]

Die Organisation, die sich in erster Linie um die Flüchtlinge zu kümmern hat, ist das UNHCR. »Nach Beendigung des Kriegs machte der britische Premierminister Tony Blair der Organisation in einem Privatgespräch heftige Vorwürfe, weil sie ihren Aufgaben nur unzureichend nachgekommen sei.«[34] Nun hatten die Großmächte allerdings dem Flüchtlingshilfswerk gerade die Mittel gekürzt, so daß es 1998 die Zahl seiner Mitarbeiter um fünfzehn Prozent reduzieren mußte und im Oktober, als die Pläne zur Bombardierung Serbiens ausgearbeitet wurden, sich aufgrund fehlender Geldmittel gezwungen sah, zum Januar 1999 ein weiteres Fünftel zu entlassen.[35]

Unter diesen Voraussetzungen wurden, nach Abzug der KVM-Beobachter, die Bombardements in der Erwartung begonnen, daß sie eine Eskalation von Gewalttaten und ethnischen Säuberungsaktionen zur Folge haben würden, was sich alsbald bestätigte. So werden die NATO-Luftangriffe im nachhinein mit den gräßlichen Verbrechen, die sie hervorriefen, gerechtfertigt.

Der Urheber eines Verbrechens trägt dafür die primäre Verantwortung; wer ihn, in Voraussicht der Folgen, durch bestimmte Handlungen dazu anstachelt, trägt die sekundäre Verantwortung, die noch größer wird, wenn diese Handlungen das Leid der Opfer vermehren. Gerechtfertigt sind solche Handlungen nur dann, wenn ihre Unterlassung zu noch schlimmeren Verbrechen geführt hätte. Diese Behauptung, eine der bemerkenswertesten in der Geschichte der Unterstützung staatlicher Gewaltmaßnahmen, bedarf substantieller Beweise, die man im vorliegenden Fall jedoch vergeblich sucht. Es gibt nicht einmal die Einsicht, daß solche Beweise notwendig wären, und ebensowenig wird begriffen, was aus ihrem Vorhandensein oder Fehlen zu folgern wäre.[36]

Nehmen wir dieses Argument dennoch ernst, so sehen wir, daß es seine Kraft in dem Maße verliert, in dem die Verbrechen, zu denen angestachelt wurde, an Umfang zunehmen. Die Luftangriffe ließen sich dann legitimieren, wenn es ohne sie zu eben jenen Gewalttaten gegen die kosovo-albanische Bevölkerung gekommen wäre, die sie hervorgerufen haben. Insofern ist es paradox, daß die Befürworter der Bombardements das schlimmstmögliche Bild von den Verbrechen zeichnen, für die sie ihren Teil der Verantwortung tragen; eigentlich sollten sie genau das Gegenteil tun. Vielleicht spiegelt sich darin die erfolgreiche Durchsetzung der Doktrin von der retrospektiven Rechtfertigung der Luftangriffe.

Ein weiteres beeindruckendes Beispiel für erfolgreiche Indoktrinierung ist die Auseinandersetzung über die angebliche »Doppelmoral« und »widersprüchliche Haltung« der NATO, die andere humanitäre Katastrophen »nicht beachtet« oder

»zuwenig tut«, um sie zu verhindern, und es »versäumt«, die Opfer zu schützen. Diese Argumentation setzt voraus, was allererst zu problematisieren wäre – daß nämlich die NATO im Fall des Kosovo von humanitären Grundsätzen geleitet handelte. Nur selten gelingt es einem Propagandasystem so wie hier, seine Doktrinen zur unhinterfragten Voraussetzung der Diskussion zu machen. Das gehört zu den »Lektionen«, die bei weiteren humanitär drapierten Unternehmungen angewendet werden können.

Allerdings bleibt nicht ganz verborgen, wie absurd das Prinzip der retrospektiven Rechtfertigung ist, und infolgedessen schlagen viele Versuche, die Luftangriffe zu verteidigen, einen anderen Kurs ein. Eine typische Version lautet: »Serbien hat das Kosovo angegriffen, um eine separatistische albanische Guerillabewegung zu vernichten, tötete dabei aber 10 000 Zivilpersonen und vertrieb 700 000 Menschen nach Mazedonien und Albanien. Die NATO griff Serbien aus der Luft an, um die Kosovo-Albaner vor ethnischen Säuberungen zu schützen, tötete dabei aber Hunderte serbischer Zivilpersonen und bewirkte die Flucht Zehntausender aus den Städten aufs Land.«[37] Bei dieser Chronologie der Ereignisse läßt sich eine Begründung für die Luftangriffe konstruieren. Tatsächlich aber war die Reihenfolge genau umgekehrt. Dieser Trick wird von den Medien angewandt, findet sich allerdings auch in wissenschaftlichen Untersuchungen.

Ein weiteres Beispiel für diese Verkehrung der Chronologie bietet der außenpolitische Experte der *New York Times*, Thomas Friedman, der kurz nach Beendigung des Kriegs schrieb: »Nachdem die Vertreibungen begonnen hatten, wäre es falsch gewesen, das Kosovo zu ignorieren ... und daher war ein flächendeckender Luftkrieg mit einer begrenzten Zielsetzung das einzig Sinnvolle.«[38] Auch hier wird die Abfolge der Ereignisse ins Gegenteil verkehrt, was verständlich ist, weil anderenfalls die Verteidigung staatlicher Gewaltmaßnahmen schwierig wird.

Eine andere retrospektive Rechtfertigung, die weit verbreitet ist, geht davon aus, die Gewaltmaßnahmen hätten den Kosovo-Albanern die Rückkehr in ihre Heimat ermöglicht. »Der Westen kann stolz darauf sein, Terror und Massenvertreibungen im Kosovo beendet zu haben«, schließen die Herausgeber der *New York Times*. Und auch der ehemalige NATO-Generalsekretär Javier Solanas zweifelt nicht am großen Erfolg des Kriegs, der unter seiner Aufsicht geführt wurde: »Die NATO hat gewonnen, ohne eigene Verluste verzeichnen zu müssen. Eine humanitäre Katastrophe konnte abgewendet werden. Über eine Million Flüchtlinge kehrten sicher in die Heimat zurück. Die ethnischen Säuberungen wurden verhindert.«

Folgt man dieser Logik, wäre es wahrscheinlich sinnvoller gewesen – jedenfalls nicht grotesker als die tatsächlich lancierten Maßnahmen –, die Kosovo-Albaner zum friedlichen Verlassen der Region zu bewegen, um dann Serbien zu bombardieren und damit ihre Rückkehr zu gewährleisten. So hätten sie sehr viel weniger erdulden müssen als durch die Vertreibung während der Luftangriffe.

Eine weitere Variante der retrospektiven Rechtfertigung bedient sich des Arguments, daß schon vor den Luftangriffen mörderische Aktionen zur ethnischen Säuberung angelaufen waren. Darauf beruft sich die offizielle Version der Regierung Clinton, die noch im Januar 2000 davon sprach, daß nach dem Abzug der Beobachter die Serben am 21. März »eine Großoffensive namens ›Operation Hufeisen‹« gestartet hätten. Marc Weller wiederum, Professor der Rechtswissenschaften an der Universität Cambridge, räumt in der Einleitung zu dem von ihm herausgegebenen Dokumentationsband ein, daß die Bombardierungen eine eindeutige Verletzung internationalen Rechts darstellten und sich nur auf der Grundlage eines angeblichen »Rechts auf humanitäre Intervention« rechtfertigen ließen. Dieses wiederum beruht auf der Annahme, daß die Weigerung der jugoslawischen Regierung, »ein sehr detailliertes Übereinkommen zur Regelung des Kosovo-Problems [das Ultimatum von Rambouillet] zu akzeptieren, die Situation eines humanitären Ernstfalls heraufbeschworen hätte«. Aber die NATO »mußte darauf nicht reagieren«, weil im Kosovo bereits »eine umfassende, von langer Hand geplante, gewaltsame Vertreibungskampagne begonnen hatte, die vor Beginn der Luftangriffe nahezu die gesamte albanische Bevölkerung des Kosovo zu betreffen schien«.[39]

Wie bereits erörtert, wirft auch diese Argumentation einige Probleme auf. Zum einen stützen sämtliche bereits erwähnten Dokumentationen Wellers entscheidende Tatsachenbehauptung nicht, sondern widerlegen sie sogar, und das gilt auch für die Berichte der US-Regierung sowie für Wellers eigene Dokumentensammlung. Zum zweiten würde selbst die spätere Entdeckung einer schon vor den Luftangriffen begonnenen Vertreibungskampagne rein logisch die Anwendung von Gewaltmaßnahmen nicht rechtfertigen. Wenn aber, wie bereits erörtert, diese Kampagne schon vor den Bombardements bekannt gewesen wäre, hätte man besser daran getan, die Serben gewähren zu lassen, um dann durch die Luftangriffe die Rückkehr der Vertriebenen zu gewährleisten, was nicht grotesker gewesen wäre als die tatsächlich durchgeführten Operationen. Zum dritten bestritt der Oberbefehlshaber der NATO, daß es Pläne zur Verhinderung der ethnischen ›Säuberungen‹ gebe, die er als »völlig vorhersehbare Folge« der Luftangriffe bezeichnete, und er besaß auch keine Kenntnisse von der »Operation Hufeisen« (wenn dieser Plan jemals existiert haben sollte). Und schließlich würde selbst eine nach dem Abzug der Beobachter begonnene »Großoffensive« als Vorbereitung auf die Bombardierung die Entscheidungen der NATO kaum rechtfertigen. Aber angesichts der tatsächlichen Abfolge der Ereignisse sind das alles nur so pseudoakademische wie verzweifelte Bemühungen, den Krieg zu rechtfertigen.

Hätte es im März 1999 weniger groteske Alternativen gegeben? Zwar liegt die Beweislast bei den Befürwortern staatlicher Gewaltmaßnahmen, und bislang hat niemand von ihnen gewagt, diese Last auf sich zu nehmen, aber das soll uns nicht davon abhalten, das Spektrum der möglichen Optionen zu untersuchen.

Der Journalist Eric Rouleau hat die wichtige Frage gestellt, ob »die serbischen Gewalttaten ein Ausmaß erreicht hatten, das den Abbruch der diplomatischen Verhandlungen zur Rettung der Kosovaren vor dem Völkermord rechtfertigen konnte«. Er bemerkt dazu: »Die fortwährende Weigerung der OSZE, den Bericht [über die Erfahrungen der KVM-Beobachter seit November 1998 bis zu ihrem Abzug] freizugeben, nährt eher Zweifel an der Wahrheit dieser Behauptung.«[40] Wie bereits erwähnt, findet sich auch in den Anklageschriften des US-Außenministeriums und des Kriegsverbrechertribunals nichts, was diese Behauptung stützen könnte – und das, obwohl beide um eine möglichst lückenlose Beweisführung bemüht sind. Mittlerweile ist der OSZE-Bericht freigegeben worden. Auch er enthält keine Hinweise auf maßlose serbische Greueltaten, behandelt den betreffenden Zeitraum aber allgemein sehr stiefmütterlich. Insgesamt bestätigt er de facto die Aussagen des bei Rouleau zitierten französischen KVM-Beobachters Jacques Prod'homme, von dem es heißt: »In den Wochen vor dem Krieg konnte er sich in der Region um die Stadt Pec frei bewegen. Weder er noch seine Kollegen beobachteten Vorgänge, die man als systematische Verfolgung, sei es durch Ermordung von Individuen oder Gruppen, Niederbrennen von Häusern oder Deportationen, hätte bezeichnen können.« Diese und ähnliche Erfahrungen internationaler Beobachter sind im OSZE-Bericht nicht enthalten. Auch sie lassen die Behauptung unmäßiger serbischer Gewalt vor dem Beginn der Luftangriffe als nicht gerechtfertigt erscheinen. Gerade diese Behauptung aber war, wie selbst entschiedene Befürworter der Bombardements, Marc Weller eingeschlossen, anerkennen, einer der Pfeiler für die Rechtfertigung der NATO-Operationen. Zwischen den vorliegenden und den erforderlichen Beweisen klafft eine Lücke, die man angemessenerweise mit dem Begriff »Widerspruch« belegen kann.

Nehmen wir an, die Beobachter wären nicht abgezogen und die diplomatischen Bemühungen fortgesetzt worden. Wären solche Optionen plausibel gewesen? Hätten sie zu einem besseren Ergebnis geführt? Da die NATO diese Möglichkeit nicht in Betracht zog, können wir es nicht wissen. Aber wir können uns an die bekannten Tatsachen halten und fragen, welche Schlüsse sich daraus ziehen lassen.

Hätte man das KVM-Beobachterteam, möglicherweise personell verstärkt, vor Ort lassen können? Nichts spricht dagegen; immerhin hatte die serbische Nationalversammlung den Abzug sofort verurteilt. Und es gibt keine Beweise dafür, daß die Eskalation der Gewalt sich auch ereignet hätte, wenn die Beobachter im Kosovo verblieben wären. Zudem hat die NATO auch kaum Anstrengungen unternommen, andere friedliche Mittel einzusetzen; selbst ein Ölembargo, das Herzstück jeder ernstzunehmenden Sanktionspolitik, wurde erst nach den Bombardements in Erwägung gezogen.

Die entscheidende Frage betrifft jedoch die diplomatischen Optionen. Am Vorabend der Luftangriffe lagen zwei Vorschläge auf dem Tisch: zum einen das Abkommen von Rambouillet, das Serbien als Ultimatum gestellt wurde; zum anderen die serbische Position, die im »revidierten Abkommensentwurf« vom 15. März und in der Resolution der serbischen Nationalversammlung vom 23. März ihren Niederschlag fand.[41] Wäre man ernsthaft um den Schutz der Kosovaren bemüht gewesen, hätte man noch andere Optionen in Erwägung ziehen können, wie etwa den 1992/93 lancierten Vorschlag des serbischen Präsidenten von Jugoslawien, Dobrica Cosic, der eine Teilung des Kosovo vorsah: Der Hauptteil sollte sich von Serbien trennen, mit Ausnahme »einer gewissen Zahl von serbischen Enklaven«.[42] Das war damals von Ibrahim Rugovas »Republik Kosovo« abgelehnt worden; man hatte sich für unabhängig erklärt und eine eigene Regierung gebildet. Dennoch hätte Cosics Idee unter den veränderten Bedingungen von Anfang 1999 als Verhandlungsgrundlage dienen können. Halten wir uns jedoch an die oben genannten offiziellen Positionen: das Ultimatum von Rambouillet und die serbische Resolution.

Es ist bezeichnend, daß, von wenigen Ausnahmen abgesehen, der wesentliche Inhalt beider Positionen der Öffentlichkeit vorenthalten blieb und bestenfalls in einigen so kritischen wie auflagenschwachen Zeitschriften erschien.

Obwohl die Nachrichtenagenturen sofort Meldungen über die serbische Resolution durchgaben, blieb sie praktisch ein Geheimnis. Es gab kaum Hinweise auf ihre Existenz, geschweige denn ihren Wortlaut. Sie verurteilte den Abzug der Beobachter und bat die UNO und die OSZE um Hilfe bei Verhandlungen, die zu einer diplomatischen Lösung führen sollten. Ziel war »ein politisches Abkommen über eine weitreichende Autonomie [des Kosovo] unter Bewahrung der vollständigen Gleichheit aller Bürger und ethnischen Gemeinschaften sowie Achtung der Souveränität und territorialen Integrität der Republik Serbien und der Bundesrepublik Jugoslawien«. Sie sprach von der Möglichkeit einer »politischen Präsenz« die »ihrer Größe und ihrem Charakter nach«

geeignet sein sollte, die »Übereinkunft über die Selbstbestimmung, der die Repräsentanten aller nationalen Gemeinschaften im Kosovo zustimmten« durchzusetzen. Die Bereitschaft der jugoslawischen Regierung, über eine solche internationale Präsenz im Kosovo »zur Umsetzung des in Rambouillet ausgehandelten Abkommens« zu diskutieren, war den Unterhändlern am 23. Februar formell mitgeteilt und auf einer Pressekonferenz bekanntgegeben worden.[43] Wie substantiell diese Vorschläge waren, bleibt unbekannt, da sie nicht weiter in Erwägung gezogen wurden.

Noch seltsamer ist die Tatsache, daß das Rambouillet-Ultimatum zwar allgemein als *der* Friedensvorschlag überhaupt bezeichnet, aber ebenfalls der Öffentlichkeit vorenthalten wurde. Das betraf insbesondere die später hinzugefügten Bestimmungen, »die NATO-Truppen die Möglichkeit eingeräumt hätten, überall in Jugoslawien zu operieren« (Barry Posen). Michael MccGwire hält das für eine »Killer-Klausel«, die einen »unannehmbaren Souveränitätsverlust bedeutete«, weil – so Lord Carrington, ehemaliger NATO-Generalsekretär und damals Vorsitzender der Haager Friedenskonferenz – Milosevic der NATO hätte gestatten müssen, »Serbien als Teil ihrer Organisation zu betrachten«.[44] Zwar bleibt vieles im dunkeln, doch hat es den Anschein, als seien diese Bestimmungen hinzugefügt worden, nachdem Serbien sich mit den hauptsächlichen Vorschlägen einverstanden erklärt hatte, angesichts der neuen Lage aber das ganze Paket zurückwies. Diese »Killer-Klausel« gehört zu den Ausführungsbestimmungen und gewährt der NATO das Recht auf »uneingeschränkte Bewegungsfreiheit in der gesamten Bundesrepublik Jugoslawien unter Einschluß des zugehörigen Luftraums und der territorialen Gewässer«, ohne Rücksichtnahme auf die Gesetze des Landes oder die Rechtsprechung seiner Behörden, die jedoch ihrerseits den Anordnungen der NATO »vorrangig und unter Bereitstellung aller angemessenen Mittel« zu folgen haben (Appendix B).

Dieser Anhang wurde, so wie Robert Fisk, den Journalisten, die über die Gespräche in Rambouillet und Paris berichteten, vorenthalten. »Die Serben behaupten, sie hätten in ihrer letzten Pariser Pressekonferenz darauf hingewiesen – das war eine schlecht besuchte Versammlung, die am 18. März morgens um elf in der jugoslawischen Botschaft abgehalten wurde.« Serbische Dissidenten, die an den Verhandlungen teilgenommen hatten, geben an, daß ihnen die im Appendix genannten Bedingungen am letzten Tag der Pariser Verhandlungen mitgeteilt worden seien. Die Russen hätten davon nichts gewußt. Dem britischen Unterhaus wurde der Wortlaut am 1. April, dem ersten Tag der Parlamentsferien, bekanntgegeben. Da fielen die Bomben schon seit einer Woche.[45]

In den Verhandlungen, die nach den Bombardements geführt wurden, ließ die NATO diese und andere Forderungen, an denen die Serben Kritik geübt hatten, vollständig fallen, und sie tauchen im endgültigen Friedensabkommen auch nicht mehr auf. Fisk fragt: »Warum hat die NATO in letzter Minute noch diese Forderungen gestellt? War das ein trojanisches Pferd? Um den Frieden zu retten? Oder um ihn zu sabotieren?« Wie immer die Antwort ausfallen mag, klar ist, daß die NATO-Unterhändler, wenn ihnen das Schicksal der Kosovo-Albaner wichtig gewesen wäre, sich hätten fragen müssen, ob nicht der Verzicht auf diese so provokativen wie offenbar irrelevanten Bestimmungen und die fortgesetzte Präsenz der Beobachter im Kosovo den Erfolg der Verhandlungen gewährleisten würden.

Für MccGwire stützen »die verfügbaren Dokumente den weitverbreiteten Eindruck, daß die Verhandlungen in Rambouillet auf jeden Fall scheitern sollten«. Er verweist dabei nicht nur auf die »Killer-Klausel«, sondern auch auf »die Beharrlichkeit, mit der jeder Hinweis auf die UNO vermieden und statt dessen betont wurde, daß die Operation ausschließlich unter der Schirmherrschaft und Führung der NATO und mit NATO-Truppen durchgeführt werde«.

In den Friedensvereinbarungen vom Juni und der entsprechenden Resolution des UN-Sicherheitsrats spielt die umstrittene Klausel übrigens keine Rolle mehr, obwohl die USA sofort deutlich machten, daß sie die von ihnen unterzeichneten Dokumente ignorieren und die offiziell fallengelassenen Bestimmungen des Rambouillet-Abkommens erneut in Kraft setzen würden.

Später wurde behauptet, die Klausel sei »irrtümlich« in den Vertragsentwurf gelangt und nicht ernst gemeint gewesen. Das hätte man jedoch, so MccGwire, »leicht korrigieren können«, und insofern darf wohl vermutet werden, »daß diese unannehmbare Bestimmung gezielt in den Vertrag aufgenommen wurde«. Bestätigt wird diese Vermutung durch Lord Gilbert vom britischen Verteidigungsministerium, der während des Kriegs für den Geheimdienst zuständig war. Bei einer Anhörung vor dem Verteidigungssonderausschuß behauptete er, »daß die alliierten Streitkräfte Milosevic einen Krieg aufzwangen«. »Ich meine, daß bestimmte Personen in der NATO damals um jeden Preis einen Krieg wollten. Ich meine, daß die Bedingungen, die Milosevic in Rambouillet diktiert wurden, absolut unannehmbar waren: Wie hätte er sie akzeptieren sollen? Das war reine Absicht.« MccGwire sieht den Grund für diese Vorgehensweise darin, daß »die NATO anläßlich ihres 50jährigen Bestehens ihre ungeminderte Bedeutung demonstrieren wollte und in der Kosovo-Krise die Gelegenheit sah, die Sache der Out-of-area-Einsätze voranzutreiben und das Recht zu bekräftigen, auch ohne Billigung der UNO zu handeln«. Außerdem ging es ihr darum, Milosevic für seine Widerspenstigkeit »zu bestrafen und zu demütigen«.[46]

Ziel der Aktion war also offensichtlich, die »Glaubwürdigkeit der NATO« zu sichern, wobei darunter, wie bereits erörtert, die »Glaubwürdigkeit der USA« zu verstehen ist. Während der Planung der Luftangriffe waren NATO-Partner von Washingtons »Bereitschaft zur Gewaltanwendung« und vor allem von Albrights »Säbelrasseln« irritiert worden, ohne daß sich die USA davon jedoch hätten beeindrucken lassen.[47] MccGwire verweist auch auf die US-amerikanische Bevorzugung der NATO gegenüber dem »OSZE-Kurs«, der eher auf diplomatische Bemühungen setzte; wenn eine Konfrontation gewaltförmige Züge annimmt, wird Europa in eine Nebenrolle gedrängt, während die USA die Vorherrschaft an sich reißen, wovon dann auch ihr britischer Verbündeter profitiert. Weder diplomatische Verhandlungen noch eine »weniger bedrohliche« Durchsetzungsstrategie »wären für die Vereinigten Staaten annehmbar gewesen«, zum einen, weil sie den Multilateralismus ablehnen und die Beziehungen zur UNO gespannt sind, zum anderen, weil sie »entschlossen waren, die Entwicklung einer europaweiten Sicherheitsstruktur, die ihre Autorität in Frage stellen könnte, zu verhindern«, bemerkt MccGwire. Washington wollte »die anhaltende Nützlichkeit der NATO und ihr zukünftiges Potential« und dadurch ihre »politische Stärke« demonstrieren. »Das längerfristigere und wichtigere Ziel der Vermeidung eines Bürgerkriegs mußte der dringenden Erfordernis weichen, die Glaubwürdigkeit der NATO zu stärken, indem Milosevic für seine Kritik an den Forderungen bestraft wurde.«[48]

Fragen nach der »Killer-Klausel« und anderen übertriebenen Forderungen beantworteten die britischen und amerikanischen Unterhändler mit der Behauptung, sie wären willens gewesen, auf diese Bestimmungen zu verzichten, was die

Serben jedoch verweigert hätten. Das erscheint nicht glaubhaft, denn sonst hätten die USA und Großbritannien jeden Grund gehabt, solche Informationen publik zu machen. Dem widerspricht auch, daß die NATO diese Forderungen für überflüssig hielt und gleich nach Beginn der Bombardierungen fallenließ.

Auch prominente Befürworter der Bombardierungen wie Marc Weller haben versucht, die Bedeutung der zusätzlichen Forderungen herunterzuspielen. In seinem Kommentar zu Rambouillet[49] verspottet Weller die »extravaganten Behauptungen« über die erwähnten Anhänge, die »zusammen mit dem Abkommen veröffentlicht wurden«, worunter er den Entwurf vom 23. Februar versteht. Daß sie (wenngleich in einer sehr begrenzten Bedeutung des Wortes) »veröffentlicht« wurden, ist zwar technisch korrekt, verfehlt aber den eigentlichen Punkt. Da sie offenkundig überaus wichtig waren, muß erklärt werden, warum die Journalisten, die die Verhandlungen in Rambouillet und Paris verfolgten, davon ebensowenig Kenntnis hatten wie anscheinend sogar das britische Parlament. Der »berühmte Appendix B«, so Weller, legte »die Standardbedingungen für den Status der KFOR-Streitkräfte [der geplanten NATO-Besatzungstruppen namens Kosovo-Force]« fest. Das ist, MccGwire zufolge, »richtig, aber irreführend. Es ging um den geographischen Rahmen, und der Anhang sollte, gemäß der UN-Verfahrensweise, nur für das Kosovo gelten, nicht aber für die gesamte Republik Jugoslawien.«[50] Tatsächlich ließ die NATO diesen Anhang nach Beginn der Luftangriffe unberücksichtigt und räumte ein, daß er für die Truppen, die im Juni 1999 ins Kosovo einrückten, ohne Belang sei. Diese Truppen waren sehr viel umfangreicher, als das Abkommen von Rambouillet vorsah, und hätten daher erst recht unter die Standardbedingungen für den Status der Streitkräfte fallen müssen. Unerklärt bleibt auch die Reaktion der jugoslawischen Regierung vom 15. März auf den Entwurf des Abkommens vom 23. Februar. Die jugoslawische Seite geht den Entwurf Abschnitt für Abschnitt durch und schlägt umfangreiche Änderungen und Streichungen vor, erwähnt die Anhänge jedoch mit keinem Wort, die doch, laut Weller, der wichtigste Bestandteil und Gegenstand der Pariser Verhandlungen waren. Man muß seinen Bericht mit einiger Skepsis betrachten; doch lassen sich momentan die Dinge nicht endgültig klären.

Die Dokumente standen allen Medien, die daran interessiert waren, die Angelegenheit weiter zu verfolgen, zur Verfügung. In den USA wurde die Forderung einer praktischen Besetzung Jugoslawiens durch die NATO zuerst in einer NATO-Pressekonferenz vom 26. April erwähnt, aber nicht weiter behandelt. Über die Fakten wurde jedoch erst berichtet, als sie für die Öffentlichkeit und damit für eine demokratische Einflußnahme belanglos geworden waren. Unmittelbar nach Verkündigung der Friedensvereinbarungen vom 3. Juni zitierte die Presse die entscheidenden Passagen des Ultimatums von Rambouillet und erwähnte die Forderung, daß »eine reine NATO-Streitkraft die Erlaubnis erhalten sollte, sich frei von rechtlichen Auflagen in ganz Jugoslawien ungehindert bewegen zu können« und daß »NATO-Truppen nicht nur zum Kosovo, sondern zu Jugoslawien freien Zugang bekommen sollten«.[51]

Während der 78 Tage währenden Luftangriffe wurden die Verhandlungen fortgesetzt, wobei beide Seiten Kompromisse eingingen. Die serbischen Vorschläge wurden in den USA als Täuschungsmanöver oder als Kapitulation beschrieben. Das Friedensabkommen vom 3. Juni war ein Kompromiß zwischen den beiden Positionen, die Ende März zur Diskussion gestanden hatten. Die NATO ließ allzu weit gehende Forderungen fallen, darunter auch diejenigen, die zum

Scheitern der Verhandlungen beigetragen hatten, sowie eine Formulierung, die als Antrag auf ein Unabhängigkeitsreferendum interpretiert worden war. Serbien stimmte einer »Präsenz internationaler Sicherheitsstreitkräfte mit substantieller NATO-Beteiligung« zu. Ansonsten wird die NATO weder im Abkommen noch in der entsprechenden Resolution 1244 des UN-Sicherheitsrats weiter erwähnt. Allerdings hatte die NATO, wie schon gesagt, nicht die Absicht, sich an den von ihr unterzeichneten Vertrag zu halten, sondern verletzte die Bestimmungen sofort, indem sie den Oberbefehl über eine militärische Besetzung des Kosovo übernahm und Serbien und Rußland, die auf der Einhaltung des Abkommens bestanden, durch erneute Bombardements zur Räson brachte.[52] Am 7. Juni wurden die Ölraffinerien von Novi Sad und Pancevo beschossen. Beide Städte galten als Zentren des Widerstands gegen Milosevic. Die Raffinerie in Pancevo ging in Flammen auf, es entwickelten sich giftige Rauchwolken. Die *New York Times* berichtete am 14. Juli darüber. Sie druckte ein Foto und erörterte die gesundheitlichen und wirtschaftlichen Folgeschäden der Explosion. Die Bombardierung selbst wurde nur von Nachrichtenagenturen erwähnt. Überhaupt wurde der Bruch des Abkommens von den Medien nicht weiter kritisch kommentiert und ist mittlerweile schon dem Vergessen anheimgefallen.[53]

Zwar läßt sich der Verdacht nicht von der Hand weisen, daß, wäre im März tatsächlich ein Abkommen erzielt worden, Milosevic versucht hätte, dessen Bestimmungen zu umgehen; und diese Vermutung gilt auch für die NATO, denn bei Großmächten gehört es zur Norm, sich durch Abkommen nicht gebunden zu fühlen.[54] Aber zugleich wird, im nachhinein, deutlich, daß es damals noch möglich gewesen wäre, statt des »unglückseligen Diktats, mit dem die Amerikaner Milosevic in Rambouillet konfrontierten, beiderseitige Vereinbarungen zu erreichen und ein großes Kontingent von Beobachtern zu entsenden, die serbische und albanische Zivilpersonen gleichermaßen zu schützen vermocht hätten«.[55]

Deutlich ist immerhin, daß die NATO diplomatische Optionen verwarf und statt dessen einen Krieg führte, der für die Kosovo-Albaner schreckliche Folgen zeitigte, aber auch die Volkswirtschaft in Serbien durch Militäroperationen ruinierte, die den Regeln der Kriegführung eindeutig zuwiderliefen.

Diese Verstöße wurden noch während der Kampfhandlungen vor das Internationale Tribunal für das ehemalige Jugoslawien (International Criminal Tribunal for the Former Yugoslavia, ICTY) gebracht, dort jedoch, wie das Tribunal erklärte, nicht verhandelt. Zu diesen Verstößen zählte u. a. die Bombardierung des Gebäudes der staatlichen Rundfunk- und Fernsehanstalten Serbiens, bei der sechzehn Journalisten getötet wurden. Das Pentagon rechtfertigte diese Aktion damit, daß es sich um eine Einrichtung für Propagandasendungen gehandelt habe. Der NATO-Sprecher David Wilby bemerkte, man hätte das Gebäude nicht angegriffen, wenn die Sender sechs Stunden täglich westliche Nachrichten gebracht hätten. Das Tribunal hielt die Begründung zwar für »umstritten«, akzeptierte jedoch den Hinweis der NATO auf die Verwendbarkeit von Rundfunk und Fernsehen für militärische Zwecke. Das Komitee für den Schutz von Journalisten nahm die Opfer des Angriffs nicht in seinen Jahresbericht über die Ermordung von Journalisten auf, weil es sich bei ihnen um Propagandisten gehandelt habe. Dieses Urteil wurde von Medienkontrollkommissionen ohne Kommentar akzeptiert.[56]

Zwar behauptet das Tribunal steif und fest, unabhängig zu sein, möglicherweise jedoch kommt den Worten des NATO-Sprechers James Shea größeres Gewicht zu. Als er im Mai 1999 auf einer Pressekonferenz danach gefragt wurde, ob sich vielleicht auch die NATO verantworten müsse, entgegnete er: »Die NATO ist dem Tribunal sehr verbunden ... NATO-Staaten haben es finanziert und gehören zu den hauptsächlichen Geldgebern.« Er sei »sicher«, daß der Ankläger nur »Personen jugoslawischer Nationalität« zur Rechenschaft ziehen werde.[57]

Mithin wird das Tribunal wohl auch seinem eigenen Bericht über die Kriegsverbrechen kroatischer Streitkräfte, die im August 1995 mit Beteiligung der USA etwa 200 000 Serben aus der Krajina vertrieben, keine weitere Aufmerksamkeit schenken, wie überhaupt diese Vorfälle, dem Balkankorrespondenten der *New York Times*, David Binder, zufolge »in den USA bei der Presse und im Kongreß auf nahezu völliges Desinteresse stießen«.[58]

Das Leiden der Kosovaren war mit dem Eintreffen der KFOR-Truppen und der UN-Mission nicht beendet. Zwar wurden einige Milliarden Dollar für die Luftangriffe ausgegeben, aber fünf Monate nach Kriegsende hatten die USA von den knapp 38 Millionen Dollar, die für die Anlaufkosten des UN-Hilfsprogramms vorgesehen waren, noch keinen Cent bezahlt. Erst im November lieferte das US-Bundesamt für Katastrophenhilfe im Ausland schweres Gerät und Bauholz – ein Beitrag zu Schutzmaßnahmen im Rahmen eines Winterprogramms. Auch das UNHCR und die EU-Hilfsorganisation ECHO wurden »wegen Verzögerungen und mangelnder Prophylaxe heftig kritisiert«. Der augenblickliche Fehlbetrag der UN-Mission entspricht den »Kosten eines halben Kriegstags«, beschwerte sich ein UN-Vertreter, und ohne das Geld »geht hier alles vor die Hunde«; zur Schadenfreude von Milosevic. Im November stellten westliche Regierungen auf einer Konferenz lediglich 88 Millionen Dollar für das Budget der UN-Mission zur Verfügung, jedoch eine Milliarde Dollar an Wiederaufbauhilfen für das nächste Jahr in Aussicht – öffentliche Gelder, die in die Taschen von privaten Vertragsnehmern wandern, falls die NATO ihre Kontroversen über die Verteilung der Mittel beilegen kann. Mitte Dezember forderte die UN-Mission Gelder für Lehrer, Polizisten und andere öffentliche Bedienstete an, ohne durchschlagenden Erfolg. Drei Monate später meinte der Vorsitzende der Mission, sie sei »kaum noch am Leben«. Im Juli 2000 lehnten die Haushaltsausschüsse von Senat und Kongreß in Washington »eine Forderung von 107 Millionen Dollar für laufende Ausgaben im Kosovo und in Ost-Timor« ab.[59]

Washington verweigert auch die Entsendung von Bombenexperten zur Beseitigung der Tausenden von Streubomben, mit denen das Kosovo übersät ist. Diese Anti-Personenminen sind sehr viel gefährlicher als Landminen, aber »die Arbeit wird unterbezahlten Teams von Zivilpersonen überlassen, die sich zumeist aus Albanern rekrutieren«. Der Leiter des UN-Teams zur Beseitigung der Minen, ein Hauptmann aus Neuseeland, bemerkte, daß »die NATO keine Präzedenzfälle für die Aufräumarbeiten nach zukünftigen Konflikten schaffen will«. Bis März 2000 waren schon mehr als fünfzig Personen durch diese Waffen zu Tode gekommen.[60]

Im Juli 1995 wurde Milan Martic, Präsident der selbsternannten serbischen Republik in Kroatien, vom Internationalen Tribunal (ICTY) angeklagt, weil er als Vergeltung für eine kroatische Vertreibungsoffensive einen Raketenangriff auf Zagreb befohlen hatte, bei dem sieben Zivilisten ums Leben kamen. Das war für das Tribunal ein Kriegsverbrechen, weil die Raketen mit Streubomben ausgerüstet waren, die »nur zur Tötung von Menschen bestimmt sind« und daher nicht gegen zivile Ziele eingesetzt werden dürfen. Dem Pentagon zufolge haben »amerikanische Flugzeuge im Kosovo 1100 Behältnisse mit Streubomben abgeworfen, die insgesamt

220 000 Anti-Personenminen enthielten«. Britische Flugzeuge warfen »500 Behältnisse mit jeweils 147 solcher Minen« ab. Streubomben wurden auch gegen zivile Objekte in Serbien eingesetzt, wie etwa bei einem Angriff auf Nis am 7. Mai. Auf dem Marktplatz starben fünfzehn Personen, und auch das Zentralkrankenhaus wurde getroffen. Aber das sind keine Verbrechen, sondern, so erklärte der ICTY-Ankläger gegenüber dem UN-Sicherheitsrat, »Versehen der NATO«.[61]

Obwohl die Hilfsleistungen für den Wiederaufbau des Kosovo sich in engen Grenzen hielten, wurde das humanitäre Desaster zum Anlaß genommen, andere Hilfsprogramme zurückzuschrauben. Der US-Senat plante die Kürzung der Afrika-Hilfe um mehrere zehn Millionen Dollar. Das International Medical Corps war gezwungen, seine Arbeit in Angola einzustellen. Es hatte fünf Millionen Dollar für das Kosovo aufgebracht, aber vergeblich versucht, eineinhalb Millionen für Angola aufzutreiben, wo 1,6 Millionen Menschen dem Hungertod ins Auge sehen. Die Welthungerhilfe mußte ihre Leistungen für zwei Millionen Flüchtlinge in Sierra Leone, Liberia und Guinea kürzen, weil nur zwanzig Prozent der benötigten Mittel zusammengekommen waren. Ein ähnliches Schicksal erwartet vier Millionen Hungernde in Südostafrika, deren Lage sich zum Teil der – aktiven und passiven – Politik des Westens verdankt. Das UNHCR gibt für einen Flüchtling im Kosovo elfmal soviel aus wie in Afrika. »Die Hunderte von Millionen Dollar Flüchtlingshilfe im Kosovo und das Gedränge der Organisationen, die dieses Geld ausgeben wollten, war ›fast schon obszön‹, sagte Randolph Kent«, ein UN-Mitarbeiter, der vom Balkan nach Ostafrika gegangen war. Präsident Clinton veranstaltete ein Treffen mit führenden Hilfsorganisationen, »um seiner eigenen Begeisterung für die Kosovo-Hilfe Ausdruck zu verleihen«.[62]

Der OSZE-Bericht enthält ein detailliertes Verzeichnis der Verbrechen, die während der NATO-Besetzung des Kosovo verübt wurden. Obwohl sie sich mit den von Serbien begangenen Gewalttaten nicht im mindesten vergleichen lassen, sind sie nicht bedeutungslos. Das Kosovo ist »voller Gesetzlosigkeit und ungestraft bleibender Gewaltausübung«, die vielfach der KLA-UCK zugeschrieben wird. Albanische Gegner der »neuen Ordnung« unter »Vorherrschaft der UCK«, darunter auch Vertreter des »hauptsächlichen politischen Rivalen der Rebellengruppe« sind entführt, ermordet, mit Granaten beschossen und bedroht worden, um ihren Rückzug aus der Politik zu erzwingen. Ein in der *New York Times* erschienener Auszug aus dem OSZE-Bericht betrifft die Stadt Prizren nahe der albanischen Grenze. Sie wurde am 28. März von den Serben angegriffen, wobei »die eigentlichen Schäden erst nach dem Krieg entstanden sind«. Die britische Militärpolizei sieht die albanische Mafia in Granatenangriffe und andere Verbrechen verstrickt, zu denen auch die Ermordung älterer Frauen »durch Männer, die sich als KLA-Vertreter bezeichnen« gehört.[63]

Die serbische Minderheit ist größtenteils vertrieben worden. Robert Fisk berichtet, daß »in den fünf Monaten seit Kriegsende ungefähr so viele Serben getötet wurden wie Albaner durch die Serben in den fünf Monaten vor Kriegsbeginn«. Morde werden nicht gerichtlich verfolgt; sogar die Ermordung eines serbischen Mitarbeiters beim Internationalen Tribunal blieb ungesühnt. Die Kroaten haben im Oktober das Kosovo »massenweise« verlassen. Im November reiste der Vorsitzende der kleinen jüdischen Gemeinde von Pristina, Cedra Prlincevic, nach Belgrad aus. Er sprach von einem »Pogrom gegen die nicht-albanische Bevölkerung«. Gegen Ende des Jahres berichtete Amnesty International: »Die Gewalt gegen Serben, Roma, muslimische Slawen und gemäßigte Albaner im Kosovo hat seit dem letzten Monat erheblich zugenommen.« Täglich kommt es zu »Morden, Entführungen, gewaltsamen Übergriffen, Einschüchterungen und Brandstiftungen« sowie zu Folter und Vergewaltigung und Angriffen auf unabhängige albanische Medien und politische Organisationen. Es scheint sich »um eine organisierte Kampagne zu handeln, die die gemäßigten Stimmen« unter den Kosovo-Albanern zum Verstummen bringen soll. All das vollzieht sich unter den Augen der NATO-Streitkräfte.[64]

Besonders düster ist das Schicksal der Roma. Das Roma International Center gibt an, daß »über 120000 Kosovo-Roma Zuflucht in anderen europäischen Ländern gesucht haben, während 20–30000 unter erbärmlichen Bedingungen in den Enklaven im Kosovo leben«. Die italienische Ausgabe der *Voice of Roma* schließt: »Roma werden übersehen, weil sie für die expliziten und impliziten Ziele der Westmächte ohne Belang sind, wohingegen die anderen Gruppen der ›politischen Flüchtlinge‹ die Verwestlichung des ehemaligen Jugoslawiens unterstützen und begrüßen.« Tausende wurden während der NATO-Besatzung mit vorgehaltenem Gewehr gezwungen, nach Italien zu fliehen; viele starben auf sinkenden Schiffen. »Die meisten Roma-Siedlungen im Kosovo wurden niedergebrannt und zerstört und nur einige der besseren Häuser stehengelassen. Dort sind, von den KFOR-Truppen und dem UNHCR ungehindert, Albaner eingezogen.« Die Zustände in den italienischen Flüchtlingslagern sind »abstoßend«. Bislang hat es »so gut wie keine humanitäre Hilfe für Roma im Kosovo und aus dem Kosovo gegeben.« Ein Roma aus Pristina, von Beruf Historiker, berichtet, daß Kosovo-Albaner sein Haus niederbrannten, seine Schwester vergewaltigten und seinen Nachbarn entführten, während seine Verwandten in KLA-Folterkammern verschleppt wurden. Die KFOR-Truppen hätten nicht eingegriffen. Wie viele andere Roma-Flüchtlinge konnte er entkommen, indem er die albanische Mafia bestach.[65]

KFOR-Offiziere berichten, daß sie die Anweisung bekommen haben, Verbrechen nicht weiter zu beachten. »Natürlich ist das verrückt«, sagte ein französischer Kommandeur, »aber das sind die Befehle von oben, von der NATO.« Auch terroristische und kriminelle Übergriffe bewaffneter albanischer Stoßtrupps an der serbischen Grenze zum Kosovo scheinen die NATO-Truppen nicht zu interessieren. Ehemalige KLA-Kämpfer verfolgen, so ein UN-Vertreter, die Strategie, die sie schon zuvor im Kosovo angewendet haben: Sie greifen serbische Polizisten an oder schüchtern serbische Bauern ein in der Hoffnung, daß die Serben Vergeltungsmaßnahmen gegen die Zivilbevölkerung ergreifen, was dann wieder zu einer Reaktion der KFOR-Truppen führen könnte. Ein US-Hauptmann meint: »Es wird hier nicht befürchtet, daß die serbische Polizei über die Grenze kommt, sondern daß albanische Angriffe auf serbische Polizisten und Armeeangehörige die KFOR-Truppen letztlich zum Eingreifen zwingen.« Alles wie gehabt.[66]

Im Augenblick sieht es so aus, als würde das Kosovo in die Situation der frühen achtziger Jahre zurückfallen, als nach dem Tod von Tito nationalistische Kräfte mit Terror und Gewalt versuchten, eine »ethnisch reine albanische Region« zu schaffen. Dieses »anscheinend unlösbare« Problem führte zu der für Milosevic typischen brutalen Reaktion: Er entzog dem Kosovo den Autonomiestatus und die enormen staatlichen Subventionen, von denen es abhängig war, und errichtete ein »Apartheid«-Regime (Vickers).[67] Oder das Kosovo wird zu einem zweiten Bosnien, zu einem weiteren Paradies »für Diebe und Steuerbetrüger« ohne funktionierende Wirtschaft und beherrscht »von einer Schicht reicher Krimineller mit großem politischen Einfluß, die jährlich Hunderte von Millionen Dollar in die eigenen Taschen fließen läßt«.[68] Noch gefährlicher kann es werden, wenn ein unabhängiges Kosovo in Kämpfe für ein »Groß-Albanien« verstrickt wird.

Ein weiteres Problem ist der vom organisierten Verbrechen betriebene Handel mit Drogen und Prostituierten. Frauen werden an albanische Zuhälter verkauft, die als Protegés von Großkriminellen arbeiten und zum Teil Verbindungen zur KLA besitzen sollen. Die albanische Mafia gilt als besonders berüchtigt und hat es, einem italienischen Experten zufolge, innerhalb von drei bis vier Jahren geschafft, in den größten italienischen Städten jegliche Konkurrenz auszuschalten. »Sogar die sizilianische Mafia hat Angst vor den Albanern.«[69]

Der Sonderbeauftragte für das ehemalige Jugoslawien, Jiri Dienstbier, berichtete der UN-Menschenrechtskommission, daß »330 000 Serben, Roma, Montenegriner, slawische Muslime, proserbische Albaner und Türken im Kosovo aus ihren Wohnsitzen vertrieben wurden – doppelt so viel, wie früher angenommen. Damit haben die meisten Minderheiten im Kosovo ihre Heimat verloren.« Und er fuhr fort: »Die jugoslawische Wirtschaft ist zerstört. Das Kosovo ist zerstört. Hunderttausende sind arbeitslos. Die Stimmung ist sehr pessimistisch.«[70]

Die ärmeren Länder der Region haben gewaltige Handelsverluste hinnehmen müssen, als die Donau nach der Bombardierung von Novi Sad blockiert war. Sie hatten es schon vorher durch westliche Einfuhrzölle und andere Handelsbeschränkungen nicht leicht gehabt, aber die Donaublockade bedeutete für den Westen und insbesondere für Deutschland, das nun von erhöhtem Handelsverkehr auf dem Rhein und an den Atlantikhäfen profitiert, eine wahre Goldgrube.[71]

Und es gibt noch weitere Gewinner. Zu ihnen gehört, der Wirtschaftspresse zufolge, die Militärindustrie des Westens,

d. h. die High-Tech-Industrie allgemein. Aber auch Moskau erwartet gesteigerte Rüstungsexporte, weil »die Welt sich, vor allem aufgrund des Balkan-Abenteuers der NATO, vorsorglich mit Waffen eindeckt«, um Abschreckungsmittel zu haben. Das war schon während der Luftangriffe vorhergesagt worden.[72] Wichtiger noch ist, daß es den USA gelang, ihre Vorherrschaft in der strategisch bedeutsamen Balkanregion auszubauen und EU-Initiativen zumindest zeitweilig zurückzudrängen, was wahrscheinlich der Hauptgrund dafür war, die Operation von der NATO, einer Tochtergesellschaft der USA, durchführen zu lassen.

Darüber hinaus ist der fragilen Weltordnung ein weiterer Schlag versetzt worden. Die Unternehmungen der NATO bedrohen »den Kern des [auf der UN-Charta beruhenden] internationalen Sicherheitssystems«, bemerkte UN-Generalsekretär Kofi Annan in seinem Jahresbericht vom September 1999.[73] Den Reichen und Mächtigen ist das gleichgültig; sie handeln nach eigenem Ermessen und halten sich, wenn sie es für notwendig erachten, nicht an Entscheidungen des Weltgerichtshofs, oder legen ihr Veto gegen Resolutionen des UN-Sicherheitsrats ein, worauf sich die USA übrigens am besten verstehen. Aber die traditionellen Opfer nehmen diese Dinge ernster, wie nicht nur die weltweite Reaktion auf den Kosovo-Krieg zeigt.

Der wesentliche Punkt aber ist, daß die Welt, was die Anwendung von Gewalt betrifft, zwei Alternativen hat: 1. Es gibt so etwas wie eine allgemein verbindliche Weltordnung, sei es nun die UN-Charta oder etwas Besseres, sofern es Legitimität erlangen kann, oder, 2. die mächtigen Staaten handeln (sofern sie nicht von innen eingeschränkt werden) nach Maßgabe ihrer Macht- und Profitinteressen, also wie bisher. Es ist sinnvoll, für eine bessere Welt zu kämpfen, nicht aber, sich Illusionen zu machen über die, in der wir leben.

Archive und andere Quellen könnten noch sehr viel mehr Informationen über den jüngsten Balkankrieg preisgeben. Alle bisherigen Folgerungen sind bestenfalls vorläufig. Jedoch scheinen die »Lektionen«, die zu lernen waren, nicht besonders anziehend zu sein.

Anhang

Anmerkungen

Anmerkungen zu Kapitel 1

1 Tony Blair, in »A New Generation Draws the Line«, *Newsweek*, 19. April 1999; Vaclav Havel, »Kosovo and the End of the Nation-State«, *New York Review*, 10. Juni 1999.
2 Michael Wines, »Two Views of Inhumanity Split the World, Even in Victory«, *New York Times Week in Review*, Leitartikel, 13. Juni 1999; Michael Glennon, »The New Interventionism«, *Foreign Affairs* (Council on Foreign Relations, New York), Mai/Juni 1999.
3 Bob Davis, »Cop of the World? Clinton Pledges U.S. Power Against Ethnic Cleansing, but His Aides Hedge«, *Wall Street Journal* (i. f.: *WSJ*), 6. Aug. 1999. William Jefferson Clinton, »A Just and Necessary War«, *New York Times* (i. f.: *NYT*), 23. Mai; Rede vom 1. April auf dem Luftwaffenstützpunkt Norfolk, *NYT*, 2. April 1999.
4 Woodrow Wilson, 1913–1921 Präsident der USA, verfocht ein vom amerikanischen Eigeninteresse bestimmtes Programm eines maßvollen Friedens und einer Neuorganisation der Welt. Vor allem für seine Bemühungen um die Gründung eines Völkerbunds erhielt Wilson 1920 den Friedensnobelpreis für das Jahr 1919. (*Anm. d. Lekt.*)
5 Sebastian Mallaby, »Uneasy Partners«, *NYT Book Review*, 21. Sept. 1997. Außenpolitische Experten zit. n. Thomas Friedman, *NYT*, 12. Januar 1992. Davis, op. cit., der Bergers Ansichten in einem Interview paraphrasiert.
6 Joint Chiefs of Staff: die Oberkommandierenden von Heer, Luftwaffe und Marine. (*Anm. des Übers.*)
7 Bericht des Verteidigungsministeriums an den Kongreß, *Kosovo/Operation Allied Force After-Action Report*, 31. Jan. 2000. Zu Tony Blair vgl. Alan Little, »Moral Combat: NATO At War«, BBC 2 Special, 12. März 2000.

8 Erklärung der G-77 auf der Südgipfel-Konferenz vom 10. bis 14. April 2000. Zum Hintergrund vgl. *Third World Resurgence* (Penang), Nr. 117, 2000.
9 Anthony Sampson, »Mandela Accuses ›Policeman‹ Britain«, *Guardian*, 5. April 2000.
10 Schiff, Amnon Barzilai, *Ha'aretz*, 5. April 2000. Zu Reaktionen in Indien, Israel und Ägypten vgl. Chomsky, *The New Military Humanism: Lessons of Kosovo* (Monroe, ME: Common Courage, 1999), Kap. 6; i. f.: *NMH.*
11 Zu diesen Vorgängen vgl. Chomsky, *Deterring Democracy* (London, New York: Verso, 1991) sowie *NMH*
12 Ebd. Zur Türkei und den Kurden vgl. *NMH* sowie weitere Erörterungen in diesem Buch.
13 Andrew Kramer, »Putin Following Yeltsin's Misguided Policies, Solshenitzyn Says«, AP, *Boston Globe*, 17. Mai 2000.
14 John Mearsheimer, »India Needs The Bomb«, *NYT* op-ed, 24. März 2000; Samuel Huntington, »The Lonely Superpower«, *Foreign Affairs,* März/April 1999. Chalmers Johnson, *Blowback* (New York: Holt, 2000), S. 59. Michael MccGwire, »Why Did We Bomb Belgrade?«, *International Affairs* (Royal Academy of International Affairs, London), 76.1, Jan. 2000.
15 Christopher Marquis, »Bankrolling Colombia's War on Drugs«, *NYT,* 23. Juni 2000, letzter Absatz.
16 Tamar Gabelnick, William Hartung und Jennifer Washburn, *Arming Repression: U.S. Arms Sales to Turkey During the Clinton Administration* (New York und Washington: World Policy Institute and Federation of Atomic Scientists, Oktober 1999). Weitere Quellen in *NMH.* Über Lateinamerika und die Karibik vgl. Adam Isacson und Joy Olson, *Just the Facts: 1999 Edition* (Washington: Latin America Working Group and Center for International Policy, 1999). Hier wie auch weiter unten werden die ewigen Spitzenreiter, Israel und Ägypten, nicht berücksichtigt. Die Rangordnung orientiert sich an den Haushaltsjahren und ist qualitativ, d. h. abhängig von den Aspekten, die im Vordergrund stehen (Subventionen, Verkäufe, Ausbildung, Koproduktion, gemeinsame Manöver usw.
17 Vgl. die vorige Fußnote. Jonathan Randal, *After Such Knowledge, What Forgiveness: My Encounters with Kurdistan* (Boulder, CO: Westview 1999).
18 Zu den Ereignissen und ihrer Darstellung durch die herrschende

Doktrin vgl. *NMH.* Neuere Entwicklungen berücksichtigt Chomsky, *Rogue States* (Cambridge, MA: South End, 2000), Kap. 5.

19 Thomas Cushman (Hg.), »Human Rights and the Responsibility of Intellectuals«, *Human Rights Review,* Jan.–März 2000; Aryeh Neier, »Inconvenient Facts«, *Dissent,* Frühjahr 2000; eine breitere Auseinandersetzung mit diesen Beiträgen in *NMH.*

20 Tim Judah, *Kosovo: War and Revenge* (New Haven: Yale University Press, 2000), S. 308.

21 Ferit Demer, Reuters, Datumsangabe Tunceli, Türkei, 1. April; Chris Morris, *Guardian* (London), 3. April 2000. AP, *Los Angeles Times*, 2. April 2000.

22 Vgl. Chomsky, *Fateful Triangle: US, Israel, and the Palestinians* (Cambridge, MA: South End, 1999; aktualis. Neuaufl. der Ausgabe von 1983; im Herbst 2002 auf dt. im Europa Verlag). Die libanesische Regierung und internationale Hilfsorganisationen sprechen von 25 000 Getöteten seit 1982; die Invasion von 1982 forderte schätzungsweise 20 000 Opfer.

23 »Israel, US Vote Against Funding for UN Force in Lebanon«, AP Worldstream, 15. Juni; Marilyn Henry, »Israel, US Angered by Kana clause in UN Peacekeeping Package«, *Jerusalem Post,* 18. Juni 2000. Zu den Begleitumständen der Invasion vgl. *Fateful Triangle.* Untersuchungen von Amnesty International und UN-Organisationen kamen zu dem Schluß, daß das Lager vorsätzlich beschossen wurde; vgl. dazu Shifra Stern, *Israel's Operation ›Grapes of Wrath‹ and the Qana Massacre,* Ms., April–Mai 1996.

24 Federal News Service, Department of Defense Briefing, Minister William Cohen, »Turkey's Importance to 21st Century International Security«, Grand Hyatt Hotel, Washington DC, 31. März; Charles Aldinger, »U.S. Praises Key NATO Ally Turkey«, Reuters, 31. März 2000. Judith Miller, »South Asia Called Major Terror Hub in a Survey by U.S.«, *NYT,* 30. April 2000.

25 Little, op. cit. (vgl. Anm. 7).

26 Vgl. Anm. 16.

27 Vgl. Lars Schoultz, *Comparative Politics*, Jan. 1981. Schoultz ist Verfasser der führenden wissenschaftlichen Untersuchung über Menschenrechte und die US-amerikanische Politik in Lateinamerika. Vgl. dazu auch die Forschungen des Ökonomen Edward Herman, zitiert in Chomsky und Herman, *Political Economy of Human Rights* (Boston: South End, 1979), Bd. I, Kap. 2.1.1, sowie Herman,

The Real Terror Network (Boston: South End, 1982), S. 126ff. Alle diese Untersuchungen beziehen sich übrigens auf die Zeit *vor* der Präsidentschaft Ronald Reagans.

28 Carla Anne Robbins, »How Bogota Wooed Washington to Open New War on Cocaine«, *WSJ,* 23. Juni 2000. Weitere Informationen und Quellen in *Rogue States,* Kap. 5.

29 Rafael Pardo, »Colombia's Two-Front War«, *Foreign Affairs*, Juli/Aug. 2000. Pardo war Sonderberater für Friedensverhandlungen und Verteidigungsminister, als die von den Guerilleros unterstützte Partei durch politische Morde vernichtet wurde.

30 Sean Murphy, »Contemporary Practice of the United States Relating to International Law«, *American Journal of International Law* (i. f.: *AJIL*), 94.1, Jan. 2000.

31 William Shawcross, *Deliver Us From Evil: Peacekeepers, Warlords and a World of Endless Conflict* (New York: Simon & Schuster, 2000), S. 26ff. Shawcross schreibt diese Einteilung dem stellvertretenden US-Außenminister Strobe Talbott zu, übernimmt sie dann aber ohne weitere Prüfung. In einer kritischen Rezension lobt der Herausgeber des *WSJ*, Max Boot, Shawcross dafür, endlich eingesehen zu haben, daß die USA eine »wohlgesonnene Macht« sind, nachdem er zuvor so tief gesunken war und »US-amerikanische Angriffe auf nordvietnamesische Stützpunkte in Kambodscha« (ein Euphemismus für kambodschanische Zivilisten) kritisiert hatte; *Foreign Affairs*, März/April 2000.

32 Michael Hirsh, Auslandskorrespondent von *Newsweek*, »The Fall Guy«, *Foreign Affairs*, Nov./Dez. 1999.

33 Richard Butler, »East Timor: Principle vs. Reality«, *The Eye* (Australien), 7-20, 1999.

34 Zu den Berichten über das Massaker von Racak und die Beweislage vgl. Edward Herman und David Peterson, »CNN: Selling Nato's War Globally«, in Philip Hammond und Edward Herman (Hg.), *Degraded Capability: The Media and the Kosovo Crisis* (London: Pluto, 2000).

35 Colum Lynch, »US Seen Leaving Africa to Solve its Own Crisis«, *Boston Globe* (i. f.: *BG*), 19. Feb. 1999. John Donnelly und Joe Lauria, »UN Peace Efforts on Trial in Africa; Annan Angry as U.S. Holds to Limits on Military Role«, *BG*, 11. Mai; Barbara Crossette, »U.N. Chief Faults Reluctance of U.S. To Help in Africa«, *NYT*, 13. Mai 2000.

36 Zum Begriff der »Glaubwürdigkeit«, wie er von Planungsstrategen und politischen Intellektuellen verstanden wird, vgl. *NMH*, Kap. 6.

37 Zur PKI vgl. das Standardwerk von Harold Crouch, *Army and Politics in Indonesia* (Ithaca, NY: Cornell University Press, 1978), S. 351, 155. Vgl. auch die im nächsten Kapitel zitierten Quellen.

38 Piero Gleijeses, *Shattered Hope* (Princeton 1991), S. 365. James Chace, Herausgeber von *Foreign Affairs,* in *NYT Magazine*, 22. Mai 1977.

39 Vgl. Anm. 7. William Cohens Aussage bei der Anhörung vor dem Militärkomitee des Senats, 14. Okt. 1999, Federal News Service.

40 Ivo Daalder und Michael O'Hanlon, »Without the Air War, Things Could Have Been Worse«, *Washington Post National Weekly*, 3. April 2000.

41 Vgl. *NMH*, S. 22, sowie das dritte Kapitel in diesem Band.

42 Vgl. *NMH*, Kap. 6, sowie das dritte Kapitel in diesem Band.

43 Michael Ignatieff, »What Is War For? And Should We Have Done It?«, *National Post* (Kanada), 18. April 2000; längere Auszüge aus seinem Briefwechsel mit Robert Skidelsky, seinem Buch *Virtual War* entnommen.

44 »Panorama: War Room«, BBC, 19. April 1999.

45 John Goetz und Tom Walker, »Serbian Ethnic Cleansing Scare Was a Fake, Says General«, *Sunday Times*, 2. April 2000. Franziska Augstein, »Im Kosovo war es anders«, *Frankfurter Allgemeine Zeitung*, 25. März; desgl. *Die Woche*, 24. März; *Der Spiegel*, 17. März; *Süddeutsche Zeitung*, 4. April; *Le Monde*, 11. April 2000. Heinz Loquai, *Der Kosovo-Konflikt: Wege in einen vermeidbaren Krieg* (Baden-Baden: Nomos-Verlag, 2000).

46 Ruth Wedgwood, »NATO's Campaign in Yugoslavia«, *AJIL*, 93.4, Okt. 1999, eine auf Rechtsgründen beruhende Verteidigung des Kriegs. Donald Byman und Matthew Waxman von der Rand Corporation, »Kosovo and the Great Air Power Debate«, *International Security,* 24.4, Frühjahr 2000. David Fromkin, *Kosovo Crossing* (Free Press, 1999); Alan Kuperman, »Rwanda in Retrospect«, *Foreign Affairs*, Jan./Feb. 2000. Viele andere Beispiele in *NMH* und im dritten Kapitel dieses Bandes.

47 Fouad Ajami, »Wars and Rumors of War«, *NYT Book Review,* 11. Juni 2000; Aryeh Neier, op. cit. (vgl. Anm. 19), und viele andere. Neier hält mir vor, »unaufrichtig« zu sein (in *NMH*), weil ich diese selbstverständliche Wahrheit übersehe und mich zu-

gleich weiterhin an die tatsächlich vorgebrachten Rechtfertigungen halte.

48 Vor dem britischen Verteidigungsausschuß machte Lord Gilbert, während des Kosovo-Kriegs im Verteidigungsministerium für die Geheimdienste zuständig, die Vorstellung lächerlich, daß die NATO bereits im September 1999 eine Invasion hätte durchführen können. Das sei bestenfalls im September 2000 möglich gewesen. Patrick Wintour, »War Strategy Ridiculed«, *Guardian*, 21. Juli 2000.

49 Ian Williams, »Left Behind: American Socialists, Human Rights, and Kosovo«, *Human Rights Review*, 1-2, Jan./März 2000.

50 Jiri Dienstbier, BBC Summary of World Broadcasts, 25. März 2000; Naomi Koppel, »Ground Troops Urged for Yugoslavia«, AP Online, 29. März 2000; Elizabeth Sullivan, »A Threatening Thaw in the Balkans«, *Cleveland Plain Dealer*, 3. April 2000; Laura Coffey, *Prague Post*, 29. März 2000; MccGwire, op. cit. (vgl. Anm. 14). Dienstbier war einer der führenden tschechischen Dissidenten und saß Ende der siebziger bis Anfang der achtziger Jahre im Gefängnis. Später war er der erste post-kommunistische Außenminister der Tschechoslowakei.

51 Donald Fox und Michael Glennon, »Report to the International Human Rights Law Group and the Washington Office on Latin America«, Washington DC, April 1985. Der Bericht bezieht sich auf die Ausflüchte des Außenministeriums hinsichtlich des von den USA unterstützten Staatsterrors in El Salvador.

Anmerkungen zu Kapitel 2

1 Bericht für die UN-Sicherheitsratsmission für Jakarta und Dili, 8.-12. Sept. 1999.

2 John Roosa, »Fatal Trust in Timor«, *NYT* op-ed, 15. Sept. 1999

3 Rajiv Chandrasekaran, »US resumes training Indonesian officers«, *Washington Post–Boston Globe* (i. f.: *WP–BG*), 19. Feb.; Elizabeth Becker, »United States and Indonesia Quietly Resume Military Cooperation«, *NYT*, 24. Mai 2000.

4 Benedict Anderson, Erklärung vor dem Vierten Komitee der UN-Generalversammlung, 20. Okt. 1980. Umfassendere Zitate und In-

formationen in Chomsky, *Towards a New Cold War* (New York: Pantheon, 1982). Zum Hintergrund vgl. Chomsky und Herman, *The Political Economy of Human Rights*, Bd. I.

5 Seth Mydans, »East Timor, Stuck at ›Ground Zero‹, Lacks Law, Order and Much More«, *NYT*, 16. Feb. 2000. Zu Tötungsaktionen vor dem Referendum vgl. weiter unten. Philip Shenon, »Timorese Bishop is Calling For a War Crimes Tribunal«, *NYT*, 13. Sept. 1999. Zu Belo vgl. Arnold Kohen, *From the Place of the Dead* (New York: St. Martin's, 1999; überarb. Ausg. 2000).

6 Cameron Barr, »A Brutal Exit: Battalion 745«, *Christian Science Monitor*, 13., 14., 16., 17. März 2000.

7 Barbara Crossette, »U.N. to Begin Taking Refugees Home to East Timor This Week«, *NYT*, 5. Okt. 1999; »Annan Says U.N. Must Take Over East Timor Rule«, 6. Okt. 1999; Joe Lauria, »US Asks UN For Trims in Force for East Timor«, *BG*, 8. Okt. 1999. Editorial, »Stumbling Efforts in East Timor«, *NYT*, 29. April 2000; 500 Millionen Dollar waren von internationalen Geldgebern zur Verfügung gestellt worden.

8 Bericht von Amnesty International vom 22. Dez. 1999; »Refugees in West-Timor Living in Fear: Amnesty«, AAP, Canberra, 22. Dez. 1999. »More Than 150000 East Timorese Begin 5th Month in West«, AFP, *Age* (Australia), 31. Jan. 2000. »Up to 500 East Timorese died in West Timor camps«, AP, 13. Jan. 2000; Richard Lloyd Parry, »Forgotten: the child refugees of West Timor«, *Independent* (London), 24. Jan. 2000. Koh, Slobodan Lekic, AP, »US Adds Choppers, Specialists in E. Timor«, *BG*, 10. Okt. 1999. Zum UNHCR vgl. Human Rights Watch, *Forced Expulsions to West Timor and the Refugee Crisis*, Dez. 1999.

9 Damien Kingsbury, »Conclusion«, in ders. (Hg.), *Guns and Ballot Boxes: East Timor's Vote for Independence* (Victoria, Australien: Monash Asia Institute, 2000).

10 Jan Mayman, Dili, »Fighting for Survival«, *Far Eastern Economic Review*, 24. Feb. 2000.

11 Mark Riley, New York, »Atrocities inquiry awaits green light«, *Sydney Morning Herald*, 16. Okt.; Richard Lloyd Parry, Dili, »Jakarta is Given Role in the UN's War Crimes Inquiry«, *Independent*, 27. Sept. 1999. Joe Lauria, »Envoys Seek Inquiry by Indonesia«, *BG*, 15. Jan. 2000.

12 UNHCR, Bericht der Internationalen Untersuchungskommission

für Ost-Timor an den Generalsekretär, Januar, Gesamttext 2. Feb. 2000. Vgl. auch Amnesty International News Release, 31. Jan. 2000, worin die UNO gedrängt wird, »ohne Verzögerung gemäß den Empfehlungen« der Kommission zu handeln. Shenon, op. cit. (vgl. Anm. 5).

13 Keith Richburg, »Jakarta Confirms E. Timor Killings«, *WP–BG*, 1. Feb. 2000. Vgl. auch Seth Mydans, »Jakarta's Military Chiefs Accused of Crimes«, *NYT*, 1. Feb. 2000; »Indonesian General Denies Guilt in Timor Abuses«, *NYT*, 2. Feb. 2000. Tatsächlich forderte der indonesische Bericht, die Untersuchung bis zum Januar 1999 auszuweiten, aber die US-Presseberichte könnten sich als genaue Einschätzung der Erfolgsaussichten erweisen.

14 Dan Murphy, »E. Timor Inquiry Taints Top Brass«, *Christian Science Monitor* (i. f.: *CSM*), 2. Feb. 2000; Editorial, »Justice for East Timor«, *WP – International Herald Tribune*, 2. Feb. 2000.

15 Mark Riley, »UN to Delay Decision on Crimes Tribunal«, *Age*, 31. Jan. 2000; »UN Official Doubts Jakarta Probe«, 2. Feb. 2000.

16 Lindsay Murdoch, »Rights Report Exposes Military Perfidy«, *Age*, 2. Feb. 2000.

17 Vgl. u. a. die angeführten Verweise.

18 Typische Beispiele sind die zitierten Artikel von Chandrasekaran und Becker (vgl. Anm. 3).

19 Cameron Barr, »Who will investigate atrocities?«, *CSM*, 30. Sept. 1999.

20 Zu Parry vgl. Anm. 11.

21 »Human Rights Activists Decry Slow UN Probe in E. Timor«, *Kyodo News International*, Dili, 8. Nov. 1999; Sonny Inbaraj, »Rights – East Timor: Investigation into Abuses a Tricky Task«, Inter Press Service, 10. Nov. 1999; »U.N. Chief in E. Timor Appeals for Urgent Forensic Help«, *Japan Economic Newswire*, 28. Nov. 1999; »East Timor to Judge on Crimes, Says Head of UN Transition Authority«, AP *Worldstream*, AP Online, 24. Dez. 1999.

22 Scott Peterson, »This Time, War-Crimes Trail Is on a Fast Track«, *CSM*, 27. Aug. 1999. Zur Anklageschrift und anderer Dokumente, die veröffentlicht wurden, um die Bombardierung zu rechtfertigen, vgl. *NMH* und Kap. 3 dieses Bandes.

23 Vgl. dazu die Verweise in Anm. 4 sowie Chomsky, *Year 501* (Boston: South End, 1993; dt.: *Wirtschaft und Gewalt*, Lüneburg: zu Klampen, 2. Aufl. 2001), *Powers and Prospects* (Boston: South End,

1996). *Inside Indonesia* (Australien), Nr. 62, April–Juni 2000. Zu den Kurden vgl. Kap. 1 dieses Bandes; zu Karnow und Valeriani vgl. weiter unten.

24 Tyler Marshall, »Pentagon's Investment in Indonesia Lacks Payoff«, *Los Angeles Times*, 12. Sept. 1999.

25 Zur inhaltlichen Ausbildung vgl. insbes. Michael McClintock, *Instruments of Statecraft* (New York: Pantheon, 1992). Zur Umsetzung vgl. neben vielen anderen Quellen Edward Herman, *The Real Terror Network*. Eine besondere Kategorie von Anwendungsfällen und die Folgen untersuchen Thomas Walker und Ariel Armony (Hg.), *Repression, Resistance, and Democratic Transition in Central America* (Wilmington, Delaware: Scholarly Resources, 2000).

26 David Briscoe, AP Online, 8. Sept. 1999. Zu diesen und anderen Ausbildungsprogrammen vgl. Alan Nairn, »Statement to the US House of Representatives Subcommittee on Human Rights«, 11. Mai 2000 (*Peacework*, Juni 2000); Alan Nairn, *Our Kind of Guys: US and the Indonesian Military* (Verso, ersch. demn.).

27 Zit. n. Robert Cribb (Hg.), *The Indonesian Killings of 1965–1966* (Monash Papers on South-east Asia, Nr. 21, 1991). Es gibt sehr unterschiedliche Schätzungen; Benedict Anderson meint, daß die Zahl der Opfer mehr als zwei Millionen betragen könnte; »Petrus Dadi Ratu«, *New Left Review*, 3, Mai–Juni 2000.

28 Brian Toohey und William Pinwill, *Oyster* (Port Melbourne: Heinemann, 1989), S. 93. Das Buch wurde von der australischen Regierung zensiert.

29 McGeorge Bundy zit. n. David Fromkin und James Chace, *Foreign Affairs* (Frühjahr 1985). Robert McNamara, *In Retrospect* (New York: Times Books, 1995). Douglas Pike, *Viet Cong* (Cambridge MA: MIT Press, 1965). Zu McNamaras Memoiren, die viele Kriegsgegner bemerkenswerterweise als »Entlastung« gewertet haben, vgl. Chomsky, »Memories«, *Z magazine*, Sommer 1995; »Hamlet without the Prince«, *Diplomatic History*, 20.3, Sommer 1996.

30 *Year 501*, Kap. 7. Ausführlicher Darstellung in Chomsky, *On Power and Ideology* (Boston: South End, 1988; dt., *Die Fünfte Freiheit*, Hamburg: Argument, 1989).

31 John Andrews, »The Extended Family«, *Economist*, 15. Aug. 1987; David Sanger, »Real Politics: Why Suharto Is In and Castro Is Out«, *NYT*, 31. Okt. 1995. Nick Cohen, »Labour: Quartermaster

to Tyranny in East Timor«, *Observer*, 5. Sept. 1999. Mehr dazu in *Year 501, Powers and Prospects.*

32 Reuters, »Indonesia Military Allowed To Obtain Training in U.S.«, *NYT*, 8. Dez. 1993, ein paar Zeilen im Innenteil; Irene Wu, *Far Eastern Economic Review*, 30. Juni 1994. Weitere Einzelheiten in *Powers and Prospects.*

33 William Hartung vom World Policy Institute, Spezialist für Waffensysteme, »Half an Island, Half a World Away«, KRT News Service, 16. Sept. 1999; John Donnelly, »Pentagon Reluctant to Isolate Indonesia«, *BG*, 11. Sept. 1999.

34 John Gittings u. a., »Cook Faces New Crisis as Hawk Jets Fly in«, *Observer*, 26. Sept. 1999; Robert Peston und Andrew Parker, »Public Cash Funded Indonesia Hawk Sales«, *Financial Times*, 15. Sept. 1999; »Indonesia Air Force Deploys Hawk Fighter Jets, Radar in Kupang«, BBC Summary of World Broadcasts, 13. Sept., Quelle: »Suara Pembaruan«, Jakarta, auf Indonesisch, 10. Sept. 1999; Richard Norton-Taylor, »In the Swamp«, *Guardian*, 2. Sept. 1999. Martyn Gregory, »World in Action«, Granada-Produktion für das ITV, 2. und 9. Juni 1997. Ewen MacAskill, »Britain's Ethical Foreign Policy: Keeping the Hawk Jets in Action«, *Guardian*, 19. Jan. 2000. Zu Großbritannien vgl. John Taylor, *East Timor: The Price of Freedom* (London: Zed, 1999); sowie John Pilger, *Distant Voices* (London: Vintage, 1992), *Hidden Agendas* (New York: New Press, 1998).

35 Zit. nach Pilger, ebd.

36 David Fromkin, *Kosovo Crossing* (New York: Free Press, 1999).

37 Hartung, op. cit. (vgl. Anm. 33). Ed Vulliamy und Antony Barnett, »US Aided Butchers of Timor«, *Observer* (London und Auslandsdienst), 19. Sept. 1999; »US trained butchers of East Timor«, *Guardian Weekly*, 23. Sept. 1999. Eine computergestützte Suche vom 29. Sept. fand in den US-Medien keine Hinweise.

38 Lansell Taudevin, *East Timor: Too Little, Too Late* (Potts Point NSW: Duffy & Snellgrove, 1999). Taudevin, der »mit relativ intakten pro-indonesischen Gefühlen nach Ost-Timor kam«, leitete dort von 1996 bis März 1999 ein australisches Entwicklungshilfe-Projekt. Er wurde dann von der indonesischen Regierung ausgewiesen. Zuvor hatte er regelmäßig detaillierte Berichte über (dem australischen Geheimdienst wohlbekannte) wachsende indonesische Gewalttaten verfaßt, die im nachhinein bestätigt wurden.

39 John Aglionby u. a., »Revealed: Army's Plot«, *Observer*, 12. Sept. 1999; »Seit fast einem Jahr brüteten die Generäle einen mörderischen Plan aus, um die Unabhängigkeit Ost-Timors zu verhindern – und die westlichen Geheimdienste wußten Bescheid«, *Globe and Mail* (Toronto), Observer Service, 13. Sept. 1999. Nichts davon in den US-Medien. Taudevin, op. cit. (vgl. Anm. 38). Zum indonesischen Militär und Geheimdienst vgl. Richard Tanter, »East Timor and the Crisis of the Indonesian Intelligence State«, in *Bulletin of Concerned Asian Scholars*, 32.1-2, Jan.–Juni 2000, sowie Richard Tanter, Mark Selden und Stephen Shalom (Hg.), *East Timor, Indonesia, and the World Community* (Rowman & Littlefield, 2000), ferner Damien Kingsbury, »The TNI and the Militias«, in Kingsbury (Hg.), op. cit. (vgl. Anm. 9).

40 David Jenkins, Asia Editor, »Army's Dirty Tricks Brigade Unleashed in Fight for Timor«, *Sydney Morning Herald*, 8. Juli 1999; Benedict Anderson, »Indonesian Nationalism Today and in the Future«, *New Left Review*, 235, Mai/Juni 1999.

41 Viele Details bei Taudevin, op. cit. (vgl. Anm. 38).

42 Andrew Fowler, »The Ties that Bind«, Australian Broadcasting Corporation, 14. Feb. 2000.

43 Shenon, op. cit. (vgl. Anm. 5).

44 Taylor, op. cit. (vgl. Anm. 34), der einen Bericht der Kirche vom 6. Aug. zitiert, welcher den Zeitraum von Januar bis Mitte Juli abdeckt. Taylor selbst schätzt die Zahl der Opfer von Januar bis zum Referendum auf 5-6000. Arnold Kohen, »Beyond the Vote; The World Must Remain Vigilant Over East Timor«, *WP*, 5. Sept. 1999. Einen Überblick über die erste Hälfte des Jahres, der sich vorwiegend auf australische und britische Presseberichte stützt, in *NMH*.

45 Vgl. Edward Herman und David Peterson, »How the New York Times Protects Indonesian Terror in East Timor«, *Z magazine*, Juli/Aug. 1999; sowie »East Timor: From ›Humanitarian‹ Bombing to Inhumane Appeasement«, *CovertAction Quarterly*, Herbst-Winter 1999.

46 Farhan Haq, »Rights – East Timor: U. N. Announces Delay in Vote«, Inter Press Service, 22. Juni 1999; »Indonesia–East-Timor–US Senate Urges Clinton to Support Direct Ballots«, Antara (Indon. nationale Nachrichtenagentur), 2. Juli 1999; David Shanks, »‹Jakarta Oligarchy‹ Seen as Hidden Hand in Strife«, *Irish Times*, 10. Juli

1999. M2 PRESSWIRE, 8. Juli 1999; tägl. Pressemittlg. des US-Außenministeriums.

47 Suratman zit. n. Brian Toohey, »Dangers of Timorese Whispers Capital Idea«, *Australian Financial Review*, 14. Aug. 1999, unter Bezugnahme auf ein Radiointerview. Wayne Sievers, Andrew West, »Timor Action Puts Officer in Firing Line«, *Sunday Age*, 9. Jan. 2000. Dokument, Aglionby, op. cit. (vgl. Anm. 39). Ein ähnliches Dokument mit Datum 5. Mai 2000 wurde von Human Rights Watch veröffentlicht: *Forced Expulsions*. Die indonesische Untersuchungskommission für Menschenrechtsverletzungen in Ost-Timor »bestätigte die Existenz und Gültigkeit des Garnadi-Dokuments, das die Brandschatzung der Unruheregion anordnete« (*Indonesian Observer*, 4. Jan. 2000). Bezug genommen wird auf ein vom Militär verleugnetes, von den höchsten Kommandoebenen jedoch autorisiertes Dokument.

48 Richard Lloyd Parry, »Conclusive Proof TNI Planned Reign of Terror«, *Independent*, 5. Feb. 2000.

49 Mark Dodd, »Fears of Bloodbath Grow as Militias Stockpile Arms«, *Sydney Morning Herald*, 26. Juli 1999; Dennis Shanahan, »US was warned of militia link«, *Australian*, 24. Sept. 1999.

50 Lindsay Murdoch, *The Age* (Australia), 8. April 2000; Barry Wain, Asia editor, *WSJ* (Asia ed.), 17. April 2000.

51 Alan Nairn, »US Complicity in Timor«, *Nation*, 27. Sept. 1999. Nairns Aussage bei Anhörungen zur humanitären Krise in Ost-Timor vor dem International Operations And Human Rights Subcommittee of the US House Committee on International Relations am 30. Sept. 1999 in Washington, DC. Vgl. *Bulletin of Concerned Asian Scholars* sowie Tanter u. a. (Anm. 39). Vgl. auch die Verweise in Anm. 26.

52 Elisabeth Becker, »U.S.-to-Jakarta Messenger: Chairman of the Joint Chiefs«, *NYT*, 14. Sept. 1999. Vgl. Anm. 3 und 24.

53 Sander Thoenes, »Martial Law – Habibie's Last Card«, *Financial Times*, 8. Sept. 1999; »What Made Indonesia Accept Peacekeepers«, *CSM*, 14. Sept. 1999. Kurz darauf wurde Thoenes – vermutlich von TNI-Kräften – in Ost-Timor ermordet. Vgl. Anm. 6.

54 Gay Alcorn, »›Too Late‹ to Send Armed UN Force«, *Sydney Morning Herald*, 25. Aug. 1999. Alcorn zitiert den Sprecher des Außenministeriums James Foley. Verteidigungsminister William Cohen, Pressekonferenz, 8. Sept. 1999.

55 Elizabeth Becker und Philip Shenon, »With Other Goals in Indonesia, U.S. Moves Gently on East Timor«, *NYT*, 9. Sept. 1999. Steven Mufson, »West's Credibility at Stake, Laureate Says«, *WP*, 9. Sept. 1999.

56 Zu einigen Beispielen vgl. das erste Kapitel dieses Bandes.

57 Peter Hartcher, »The ABC of Winning US Support«, *Australian Financial Review*, 13. Sept. 1999.

58 Richard Butler, »East Timor: Principle vs. Reality«, *The Eye* (Australien), 7-20, 1999.

59 Daniel Southerland, »U.S. Role in Plight of Timor: An Issue that Won't Go Away«, *CSM*, 6. März 1980. Ausführliche Darstellung in *Towards a New Cold War.*

60 James Traub, »Inventing East Timor«, *Foreign Affairs*, Juli/Aug. 2000.

61 Daniel Patrick Moynihan, in Zus.arb. mit Suzanne Weaver, *A Dangerous Place* (Boston: Little, Brown, 1978). Moynihan schreibt, daß »seit dem Ausbruch des Bürgerkriegs« etwa 60 000 Personen, Berichten zufolge, getötet wurden. Noch vor der indonesischen Invasion im Dezember hatte es einen kurzen Bürgerkrieg mit etwa 2-3000 Toten gegeben.

62 Die m. W. einzige Erörterung des Problems vor 1979 bietet Arnold Kohen, »Human Rights in Indonesia«, *Nation*, 26. Nov. 1977. Der erste Zeitschriftenartikel, der sich direkt mit Ost-Timor beschäftigt, könnte mein Beitrag »East Timor: the Press Cover-up« gewesen sein, *Inquiry*, 19. Feb. 1979.

63 Stanley Karnow, Richard Valeriani, *Washington Journalism Review*, März 1980. A. J. Langguth, *Nation*, 16. Feb. 1980. Zu diesen und vielen anderen Beispielen vgl. *Towards a New Cold War*, sowie, für die Zeit davor, Chomsky und Herman, *The Political Economy of Human Right*, worauf Langguth sich bezog. Jean Daniel, Hg., *Nouvel Observateur*, zit. n. Jean-Pierre Faye, *Change* (Paris), Okt. 1979.

64 John Holdridge (Außenministerium), Anhörung vor dem Subcommittee on Asian and Pacific Affairs of the Committee on Foreign Affairs, Repräsentantenhaus, 97. Kongreß, zweite Sitzungsperiode, 14. Sept. 1982, S. 71.

65 Binny Buchori und Sugeng Bahagijo, »The Case for Debt Relief«, *Inside Indonesia*, Jan.–März 2000. Karen Lissakers, *Banks, Borrowers, and the Establishment* (New York: Basic Books, 1991). Eine

erhellende Darstellung der Rolle des IWF bietet Robert Hahnel, *Panic Rules!* (Cambridge, MA: South End, 1999). Zum interessanten Begriff »Schulden« vgl. Chomsky, *Rogue States*, Kap. 8 (dt. als »Jubeljahr 2000« in *People Under Attack*, Hamburg: Europa Verlag, 2001).

66 Audrey und George Kahin, *Subversion as Foreign Policy* (New York: New Press, 1995); *Powers and Prospects*. Zu Einzelheiten der Operation vgl. Kenneth Conboy und James Morrison, *Feet to the Fire: CIA Covert Operations in Indonesia, 1957–1958* (Annapolis: Naval Institute Press, 1999).

67 Vgl. die bereits zitierten Quellen sowie eine kurze Übersicht in meinem Artikel »L'Indonésie«, *Le Monde diplomatique*, Juni 1998.

68 Wm. Roger Louis, *Imperialism at Bay: The United States and the Decolonization of the British Empire, 1941–1945* (Oxford, 1978), S. 237.

Anmerkungen zu Kapitel 3

1 Daniel Pearl und Robert Block, *WSJ*, 31. Dez. 1999.

2 David Peterson, pers. Mitteilung; Suche mit NEXIS in der Kategorie All-News.

3 Beispiele dazu in *NMH*.

4 Scott Peterson, »This Time, War-crimes Trail Is on a Fast Track«, *CSM*, 27. Aug. 1999.

5 KLA steht für »Kosovo Liberation Army«, UCK für die albanische Bezeichnung: »Ushtria Clirimtare e Kosoves«. (*Anm. des Übers.*)

6 Steven Erlanger, »Monitor's Reports Provide Chronicle of Kosovo Terror«, *NYT*, 5. Dez. 1999.

7 AP, »NATO Used Speeded-up Film to Excuse Civilian Deaths in Kosovo«, 6. Jan. 2000, Zitat aus der *Frankfurter Rundschau* vom selben Tag.

8 US-Außenministerium, »Erasing History: Ethnic Cleansing in Kosovo«, Webseite des Außenministeriums, http://www.state.gov/index.html, Mai 1999. Roger Cohen, Jane Perlez, *NYT*, 28. Mai 1999, mit zwei ganzen Seiten, die »Schlüsselsektionen« gewidmet sind. US-Außenministerium, »Ethnic Cleansing in Kosovo: An

Accounting«, Dez. 1999: http//:www.state.gov/www/global/human_rights/kosovoii/intro.html. Zu den Dokumenten vom Mai 1999 vgl. *NMH.*

9 Marc Weller (Hg.), *International Documents & Analysis*, Bd. 1, *The Crisis in Kosovo 1989–1999* (Cambridge UK: Documents & Analysis Publishing, Cambridge University Press, 1999), S. 495.

10 Vgl. Kap. 2 in diesem Band.

11 Erlanger, op. cit. (vgl. Anm. 6).

12 Ebd., aus OSZE, *KOSOVO/KOSOVA As Seen, As Told* (i. f.: *OSZE*), V: The Municipalities, for Pristina/Prishtina City.

13 Zu Plänen der Ära Clinton und Direktiven des Präsidenten zu ihrer Umsetzung vgl. *NMH,* Kap. 6; *The Defense Monitor*, XXIX.3, 2000.

14 Der serbische Fall sei, so wird behauptet, aufgrund von Milosevics früheren Verbrechen anders gelagert. Zu dieser so bemerkenswerten wie entlarvenden Haltung vgl. das erste Kapitel dieses Bandes.

15 *OSZE*, Tl. III: Die Verletzung der Menschenrechte im Kosovo (Kap. 14).

16 Erlanger, op. cit. (vgl. Anm. 6), Zit. nach *OSZE*.

17 *OSZE*, Tl. I, Oktober 1998 bis Juni 1999 (Kap. 5).

18 *OSZE*, Tl. II: Der Militär-/Sicherheitskontext (Kap. 3).

19 Marc Weller, »The Rambouillet Conference«, *International Affairs*, 75.2, April 1999.

20 Weller, *International Documents*. Die Dokumente dieser nützlichen Sammlung sollten anders bewertet werden als der Kommentar, in dem der Herausgeber, oftmals kaum verhüllt, die Interessen seiner Klienten vertritt und die Bombardierungen verteidigt. Einige Beispiele dafür werden im weiteren Verlauf angeführt.

21 Ebd., S. 313-346.

22 Tim Judah, *Kosovo: War and Revenge* (New Haven: Yale University Press, 2000), S. 178ff.

23 Ebd.

24 EU General Affairs Council, Bericht nach *Agence Europe*, Nr. 7559, 9. Dez. 1998, S. 4; Zitat aus Peter Gowan, *The Twisted Road to Kosovo* (Oxford: Labour Focus on Eastern Europe, 1999). Alan Little, »Moral Combat: NATO at War«, BBC2 Special, 12. März 2000, und »How Nato Was Sucked into Kosovo Conflict«, *Sunday Telegraph* (London), 27. Feb. 2000. Zu Agim Ceku vgl. Lenard Cohen, »Kosovo: ›Nobody's Country‹«, *Current History*,

März 2000. Ceku, ein ehemaliger Brigadeoffizier der kroatischen Armee muß sich vor dem Internationalen Kriegsverbrechertribunal wegen seiner Rolle bei ethnischen ›Säuberungen‹ und anderen Verbrechen in der Krajina von 1993 bis 1995 verantworten. Dort fand 1995 die schlimmste ›Säuberungs‹aktion des Balkankriegs statt, die mit US-amerikanischer Unterstützung, wo nicht gar direkter Beteiligung, durchgeführt wurde. Tom Walker, »Kosovo Defence Chief Accused of War Crimes«, *Sunday Times* (London), 10. Okt. 1999; John Sweeney und Jens Holsoe, *Observer*, 12. März 2000. Zur Krajina vgl. den Balkan-Korrespondenten der *NYT*, David Binder, »The Role of the United States in the Krajina Issue«, *Mediterranean Quarterly*, 1997.

25 Tom Walker und Aidan Laverty, »CIA Aided Kosovo Guerrilla Army«, *Sunday Times*, 12. März 2000.

26 Verteidigungsausschuß des Unterhauses, Beweisprotokolle, Anhörung von Zeugen (Fragen 380-399), 24. März 1999, Rt. Hon. George Robertson, MP. Auch zit. von MccGwire, »Why Did We Bomb Belgrade?«, op. cit. (vgl. Anm. 14 zu Kap. 1 dieses Bandes).

27 Bericht über die Sitzung der »Neuen NATO« vom 20. März 1999, »im Stil eines Memorandums« an Premierminister Tony Blair und Bundeskanzler Gerhard Schröder; Tim Judah, op. cit., S. 235ff. (vgl. Anm. 22).

28 Zu Albright vgl. Judah, op. cit., S. 194. Barton Gellman, »The Path to Crisis: How the United States and Its Allies Went to War; The Battle for Kosovo, a Defining Atrocity Set Wheels in Motion«, *International Herald Tribune* (i. f.: *IHT*), 23. April 1999.

29 Little, op. cit. (vgl. Anm. 24). Zu den Zweifeln vgl. Judah, op. cit.

30 Wichtige interne Dokumente des deutschen Außenministeriums in: htttp://www.suc.org/kosovo_crisis/documents/ger_gov.html. (Übersetzt von Eric Canepa, Brecht Forum, New York, 28. April 1999.) Die IALANA (International Association of Lawyers Against Nuclear Arms) erhielt Auszüge, die an die Presse weitergegeben wurden, die hier zitierten stammen aus *Junge Welt*, 24. April 2000. (Aus dem Englischen rückübersetzt. *Anm. des Übers.*) Die Gerichtsurteile betreffen Asylanträge und könnten insofern der Versuch sein, »eine humanitäre Katastrophe herunterzuspielen, um den Flüchtlingszuzug zu begrenzen«, bemerkt Canepa, dennoch bleibe es »äußerst bedeutsam, daß das Außenministerium im Gegensatz zu seiner öffentlichen Haltung, die NATO-In-

tervention aufgrund von Völkermord und ethnischen Säuberungen zu rechtfertigen, intern deren Existenz als Mittel jugoslawischer Politik in dieser entscheidenden Periode [bis März 1999] bestreitet«.

31 *OSZE*, Tl. III (Kap. 14). Carlotta Gall, *NYT*, 5. April 1999. Binder, »Warum der Balkan?«, *Blätter für deutsche und internationale Politik*, Mai 2000.

32 Quellen in *NMH*.

33 Ebd.; zit. wird General Wesley Clark, »Overview«, *NYT*, 27. März, und *Sunday Times* (London), 28. März; *Newsweek*, 12. April; BBC, »Panorama: War Room«, 19. April 1999. Zur »Operation Hufeisen« vgl. Kap. 1.

34 Elizabeth Becker, »Military Leaders Tell Congress of NATO Errors in Kosovo«, *NYT*, 15. Okt. 1999.

35 Frances Williams u. a., *Financial Times*, 7. Okt. 1998.

36 Vgl. dazu Kap. 1.

37 Daniel Williams, »No Exit for the Chechens«, *IHT-WP* Service, 30. Okt. 1999.

38 *NYT*, 4. Juni 1999.

39 *International Documents*, 33.

40 Eric Rouleau, *Le Monde diplomatique*, Dez. 1999.

41 Zum ersten Vorschlag vgl. *International Documents*, S. 480ff. Zu beiden und zur Berichterstattung in den Medien vgl. *NMH*, S. 106ff.

42 Miranda Vickers, *Between Serb and Albanian: A History of Kosovo* (New York: Columbia University Press, 1998).

43 Weitere Einzelheiten in *NMH*, S. 108ff.; *International Documents*, S. 470; Mark Littman, *Kosovo: Law and Diplomacy*, Centre for Policy Studies, London, Nov. 1999.

44 Barry Posen, »The War for Kosovo«, *International Security*, 24.4, Frühjahr 2000; MccGwire, op. cit.

45 Robert Fisk, *Independent*, 26. Nov. 1999; Littman, op. cit. (vgl. Anm. 43).

46 MccGwire, op. cit. Patrick Wintour, »War Strategy ridiculed«, *Guardian*, 21. Juli; Reuters, »British minister slams Kosovo war strategy«, *Financial Times*, 21. Juli 2000.

47 Kevin Cullen, »U.S., Europeans in Discord over Kosovo«, *BG*, 22. Feb. 1999.

48 MccGwire, op. cit. Vgl. Kap. 1.

49 Weller, *International Documents*, S. 411. Zu den Kommentaren vgl. Anm. 20.

50 MccGwire, op. cit.

51 Steven Erlanger, *NYT*, 5. Juni; Blaine Harden, *NYT*, 5. Juni, indirekter Hinweis; Guy Dinmore, *Financial Times*, 6. Juni 1999. Weitere Details in *NMH*.

52 Vgl. *NMH*, S. 114ff., 124ff.

53 Agenturmeldungen vom 7. und 8. Juni 1999. Chris Hedges, »Serbian Town Bombed by NATO Fears Effects of Toxic Chemicals«, *NYT*, 14. Juli 1999. Ebenso *Los Angeles Times*, 6. Juli 1999.

54 Vgl. dazu *NMH*; S. 124ff.

55 Editorial, »Kosovo Without Illusions«, *BG*, 9. Dez. 1999.

56 Barbara Crossette, »U.N. War Crimes Prosecutor Declines to Investigate NATO«, *NYT*, 3. Juni 2000. Zu den NATO-Verbrechen vgl. Amnesty International, *NATO/Federal Republic of Yugoslavia: ›Collateral Damage‹ of Unlawful Killings*, Juni 2000; Robert Fisk, »Nato ›Deliberately Attackted Civilians in Serbia‹«, *Independent*, 7. Juni 2000; Steven Erlanger, »Rights Group Says NATO Bombing in Yugoslavia Violated Law«, 8. Juni 2000. Die Exkulpierung der NATO durch das Tribunal verleiht den Verbrechen von Einheimischen, die angeklagt und verurteilt werden, ein entsprechend größeres Gewicht; vgl. dazu Robert Hayden, »Biased ›Justice‹: Humanrightsism and the International Criminal Tribunal for the Former Yugoslavia«, Ms., University of Pittsburgh, Feb. 2000. Zu Wilby und der TV-Rundfunk-Berichterstattung vgl. Amnesty International und Hayden. Abschlußbericht des Komitees zur Untersuchung der NATO-Kampagne gegen die Bundesrepublik Jugoslawien. Zum Komitee für den Schutz von Journalisten vgl. Hayden. James Boylan, »Book Reports«, *Columbia Journalism Review*, Mai/Juni 2000. Zum Tribunal insgesamt vgl. auch Christopher Black und Edward Herman, *Z magazine*, Feb. 2000.

57 James Shea, 16. und 17. Mai, zit. n. Hayden, op. cit.

58 David Binder, op. cit. (vgl. Anm. 24). Zu der vergessenen Anklage vgl. Ray Bonner, »War Crimes Panel Finds Croat Troops ›Cleansed‹ the Serbs«, *NYT*, 21. März 1999.

59 *NYT*, 6. Okt. 1999; Carlotta Gall, »Thousands of Kosovars, After Many Pledges, Still Await Winter Aid«, *IHT-NYT*, 3. Nov. 1999; Steven Erlanger, *NYT*, 23. Nov. 1999, und Barbara Borst, »Retired Officers Pushing to Aid Serbian Cities«, *BG*, 19. Okt. 1999; AP,

»UN Official Begs for Aid for Mission in Kosovo«, *BG*, 17. Dez. 1999. Steven Erlanger, »U.N.'s Kosovo Chief Warns that Mission is ›Barely Alive‹«, *NYT*, 4. März 2000. Barbara Crossette, »Washington Takes a Blast from Its Envoy At the U.N.«, *NYT*, 21. Juli 2000. Die Komitees haben auch die Gesamtbudgetforderungen für Friedenstruppen für das Jahr 2001 von 738 auf 500 Millionen Dollar gekürzt, und die USA haben auf eine Resolution des UN-Sicherheitsrats zur Ausweitung von friedensstiftenden Operationen in Sierra Leone mit Zurückhaltung reagiert. Großbritannien hat diese Operationen auf eine Empfehlung von Kofi Annan hin unterstützt.

60 Jonathan Steele, »U.S. Refuses to Remove Cluster Bombs in Kosovo«, *Guardian*, 14. März 2000.

61 Hayden, op. cit. (vgl. Anm. 56). Crossette, *NYT*, 3. Juni 2000.

62 John Donnelly, »Relief Agencies See Kosovo Aid Causing Shortfall Elsewhere«, *BG*, 8. Juli 1999; Christian Miller and Ann Simmons, *Los Angeles Times*, 21. Mai 1999; Karen DeYoung, »U.S. Grows Stingier on Foreign Aid«, *IHT-WP*, 26. Nov. 1999.

63 Jeffrey Smith, »Actions Louder Than Words«, *WP Weekly*, 13. Dez.; *NYT*, 5. Dez.; Peter Beaumont, »Albanian Mafia Wages War on Kosovo's Serbs«, *Guardian*, 19. Aug. 1999.

64 Robert Fisk, »Serbs Murdered by the Hundred Since ›Liberation‹«, *Independent*, 24. Nov. 1999. Interview mit Cedra Prlincevic, http://www.emperors-clothes.com, Nov. 1999. Amnesty International News Release, 23. Dez. 1999.

65 »Declaration: The Kosovo Conflict and the Consequences on the Roma initiated by the Kosovo Conflict«, Skopje, 16.–18. Juni 2000. »Romani Refugees from Kosovo and the Bigger Picture of Humanitarian Aid Organizations in Europe«, *Voice of Roma*, Italian Mission, 1999; 17. Sept.–7. Okt. 1999.

66 Tim Judah, »Kosovo: Peace Now?«, *New York Review*, 21. Aug. 1999; Robert Block, »Old Hates Reignite and Blood Flows at Kosovo Border«, *WSJ*, 17. Dez. 1999. Carlotta Gall, *NYT*, 15. Jan. 2000; Steven Erlanger, »Kosovo Rebels Regrouping Nearby in Serbia«, *NYT*, 2. März 2000.

67 Marvine Howe, »Exodus Of Serbians Stirs Province In Yugoslavia«, *NYT*, 12. Juli; David Binder, »Yugoslavs Seek To Quell Strife In Region Of Ethnic Albanians«, *NYT*, 9. Nov.; Binder, »War Of Terror By Albanians In Yugoslavia Strains Unity«, 28. Nov. 1982. Binder, »In Yugoslavia, Rising Ethnic Strife Brings Fears of Worse

Civil Conflict«, *NYT*, 1. Nov. 1987. Zum Hintergrund vgl. Vickers, op. cit. (vgl. Anm. 42).

68 Jeffrey Smith, »A Den of Thieves and Tax Cheats«, *WP Weekly*, 3. Jan. 2000.

69 Peter Finn, »A New Torture Visits Kosovo: Imported Sex Slaves«, *WP*, 30. April 2000; Barbara Crossette, »U.N. Warns That Trafficking in Human Beings Is Growing«, *NYT*, 25. Juni 2000.

70 Elizabeth Sullivan, *Cleveland Plain Dealer*, 3. April 2000; BBC Summary of World Broadcasts, 25. März 2000.

71 Lucian Kim, »Danube Trade Blocked by Bridges«, *CSM*, 6. Okt. 1999; John Reed, »Since Kosovo War, the Danube Waltz Has Slowed to a Crawl«, *WSJ*, 20. Sept. 1999. Ein Versuch, die der Region entstehenden Kosten abzuschätzen, in Ted Galen Carpenter (Hg.), *NATO's Empty Victory* (Washington: CATO Institute, 2000).

72 *Moscow Times*, 9. Juli 1999.

73 Michael Littlejohns, »Annan Criticises Nato's Action in Kosovo«, *Financial Times*, 9. Sept. 1999.

Editorische Notiz

Das zweite Kapitel ist eine erweiterte Fassung von »›Feu vert‹ occidental pour les massacres«, *Le Monde diplomatique*, Oktober 1999 sowie von »The United States, East Timor, and Intervention« in *Bulletin of Concerned Asian Scholars*. Es erschien in veränderter Form auch in Richard Tanter, Mark Selden und Stephen Shalom (Hg.), *East Timor, Indonesia, and the World Community* (Boulder CO: Rowman & Littlefield, 2000).

Das dritte Kapitel ist eine erweiterte Fassung des Nachworts zur französischen Ausgabe von *The New Military Humanism* (Lausanne: Page Deux, 2000), das auch in anderen Übersetzungen und in *Z magazine*, April/Mai 2000, erschien.

Zum Autor

Noam Chomsky, geboren am 7. Dezember 1928, politischer Aktivist, Sprachtheoretiker und seit 1961 Professor am Massachusetts Institute of Technology (MIT), ist Träger von zehn Ehrendoktorwürden und etlicher anderer hoher Auszeichnungen und Preise, Mitglied der American Academy of Art and Sciences und der National Academy of Science und Autor mehrerer Bestseller über Linguistik, Philosophie und Politik. Zuletzt erschienen auf deutsch »War Against People. Menschenrechte und Schurkenstaaten«, eine hochaktuelle und überfällige Analyse der US-Außenpolitik und -Propaganda, sowie »The Attack. Hintergründe und Folgen«, »eine notwendige Korrektur der Berichterstattung über den derzeitigen ›Krieg gegen den Terrorismus‹« (San Francisco Examiner).

Im Europa Verlag sind weitere Übersetzungen von Werken Noam Chomskys in Vorbereitung.

Noam Chomsky

People Without Rights

Henning Reinige

EUROPA
VERLAG

Aus dem Amerikanischen von Michael Haupt